成長する企業がやっている

分析する広報

独自リサーチ10年以上でわかった
伸びる会社、伸びない会社の違い

株式会社分析広報研究所
代表取締役チーフアナリスト
小島一郎

はじめに

広報とは「第三者からの評価をつくりだしていくこと」

「なぜ、いい商品を扱っているはずなのに、売れないんだ？」

「なぜ、利益は出ているのに、我が社の株価は上がらないんだ？」

「なぜ、うちの会社のことを、世間は誰も知らないんだ？」


経営者であれば、誰もがこのような疑問を抱いたことがあるでしょう。

ところが、「自社のことをアピールしよう」と考えて広報活動に力を入れたり、ＰＲ専門のコンサルタントを雇ったりしてみても、イマイチ効果を発揮していないという企業も少なくありません。

企業が広報活動に取り組んでも、その効果を実感できないのはなぜでしょうか？

それは、日本の広報業界のプロフェッショナルとして活動されている方の大半は、広告業界あるいはメディアの出身者だという点が関係しています。

　このため日本における広報サービスは、選挙対策や危機管理などの一部サービスを除き、**「露出」目的に偏っている**のが現状なのです。

　メディアに一定の対価を払って自社の商品やサービスを取り上げてもらうという「広告」が、イコール「広報」だという認識でとどまっているのです。つまり**広報を、広告宣伝の一部としてしか認識していない**のです。

　広報とは、企業や団体が持つ価値や情報を、メディアや公共の場を用いて、広く一般に知らせる（報せる）活動全般を指します。

「広く」「報せる」から「広報」なのです。

　もちろん広告も広報の一部ではあります。しかし、アメリカやヨーロッパ、他のアジア諸国のビジネス環境を概観しても、広報とはもっと幅広い活動領域を含むという捉え方が一般的であり、日本の常識はやや特異に見えるのではないでしょうか。

　私が考える広報の真の価値とは、端的に次のような言葉で表されます。


「広報とは、第三者からの評価をつくりだしていくこと」

残念ながら、現在の日本における広報コミュニケーションには、この視点が欠落しており、非常にもったいない状況に陥っています。

逆にいえば、**広報とは何なのかを見直し、有効活用**できれば、広報は御社が成長するための武器になるのです。

本書は、特に中堅・中小企業の経営者の皆様に対して、私が企業広報を支援したり、独自のリサーチ活動を続けてきたなかで気付き、培ってきた「**分析する広報（分析広報）**」の考え方や実践法をお伝えしたく執筆しました。

特に、現状のままでは衰退しそうな業界に属していたり、あるいは業界内であまり有利なポジションをつくることができていない企業の経営者の方には、非常に有益なはずです。

「成長とは、変化すること」

変化することで、成長をつくりだす。そのプロセスにおいて、広報の働きは極めて重要なのです。

ぜひ未来に向けて変化し、成長する御社に、「**分析する広報**」がお役に立てれば幸甚です。「分析する広報」によって自社の価値や強みを広く社会に知らせ、**企業が大きく成長する**ステップとしていきましょう。

目次

はじめに　広報とは「第三者からの評価をつくりだしていくこと」　002

序章　独自リサーチを10年続けてわかった成長の秘密

●山一證券「最後の新卒社員」だった私　014
●アナリストとして「100倍成長企業」を発掘　016
●ひたすら決算説明会に出続け、1000社超を継続リサーチ　018
●日本の広報には「評価」のプロがいない　023
●企業価値は、ほとんどが「期待」で構成される　025
●成長する企業の広報は「行動変容」を起こせる　027

第1章　なぜいま「分析広報」が必要なのか？

●広告と広報の違いは何か　032
●社会の理解や評価に働きかける　033
●コミュニケーションは「売れる」から「勝てる」へ　036
●分析する広報の三つの視点――タテ・ヨコ・奥行き　038
●アナリスト＝企業広報の司令塔　043
●比較広告をしない日本の商慣習　046
●勝つためにルールづくりからかかわる　049
●成長する企業は、広報がメディアに「教える」　053
●企業のポジションは規模だけで決まらない　056
●「業界」をつくって、社会の潮流に乗ったRIZAP　058
●知名度が上がれば評価が上がるわけではない　060
●利益は顧客がつくる、評価は社会がつくる　063

第2章　成長に欠かせない「広報」への意識改革

●中堅・中小企業こそ分析広報を活用すべき　068
●自社を社会のなかに「タグ付け」する　070
●自社ポジションを知らずして過剰な露出はＮＧ　073
●企業価値は、社会から「どう見られるか」で決まる　076
●新しい評価によって、新しい「業界」も生まれる　079
●広報は会社の「目」「耳」「口」である　081
●決算説明会では社長自身の言葉で説明せよ　083
●赤字でも社長が逃げなかった企業は黒字転換する　085
●数字だけで未来を語るな　088
●オンラインではなくリアルの場で語る意味　090
●好調時だけ出てくる社長には説得力がない　092

●経営者の逃げない姿勢が苦しい現実を乗り越えさせる　094

第3章　「分析広報」を実践する三つのステップ

【ステップ1】現状を把握する　098
●雑音も受信するのが「できる広報」のアンテナ　098
●「本音の評価」を受け取れる社長は成長する　100
●自社の現状把握を見誤った例　103
●社長が現状把握に広報IRをうまく活用したプレミアグループ　106
●広報に抜擢すべき人材：①自分の会社が好きな人　108
●広報に抜擢すべき人材：②外部の反応を正直に報告できる人　110
●会社が苦しい時期こそ広報の役割が重要　113
●優秀な広報パーソンの「落とし穴」　116

●露出の多い広報が必ずしも優秀とは限らない 119
【ステップ2】自社を魅力あるポジションにおく 121
●業界内の序列だけでは、企業価値は高まらない 121
●企業（事業）を見る四つの視点とギャップ 123
●「タテの序列をヨコに変える」試みの必要性 125
●戦略的に自社のポジションを変えたSHIFT 128
●ガリバーの存在を逆手に取って自社のポジショニングに成功した上場企業 130
●「コト消費」のポジショニングで差がついたメルカリとゲオ 132
●世間の潮流を読んで先手を打つのが分析広報 134
●説明フォーマットを変えることで、変化が伝わる 137
【ステップ3】外部を巻き込んで味方をつくる 140
●「できる広報」は流れを自らつくる 140

●他社を巻き込んで「世間の潮流」をつくる　142
●新たな評価基準をつくって注目させる　144
●「できる広報」はメディアと信頼関係を築く　146
●レクチャーして存在感を発揮したマネーフォワードやライフネット生命　148
●記者とのリレーションシップは「壁打ち」で鍛える　151
●メディアは何を嫌がるのかを知っておく　152

第4章　進化した広報が未来の成長をつくる

●成長とは変化すること　158
●業界という枠を超えて「ヨコ」に成長した信越化学工業　160
●株価は「上げる」ものではなく、「上がる」もの　162
●未来を語るときこそ、過去の歴史や実績が武器になる　165

●広報の動き次第で「炎上」時の保険にもなる　167
●「これから」ではなく、「次」を語ろう　169
●アンチを恐れると負ける　172
●有事には「攻撃は最大の防御」　174
●期待には感情、不安には理性で答える　176
●「閃き」は変化の第一歩、隠さずに表に出す　178
●期待を抱かせる三つの「ＯＮＥ」　180
●外部を巻き込むには、前進を止めないこと　183
●未来の価値は、理屈や数字の延長線上にはない　185
おわりに　業界の枠を超えたとき、企業は成長する　188

序章

独自社リサーチを10年続けてわかった成長の秘密

● 山一證券「最後の新卒社員」だった私

私は、主に企業の価値を広報の点から高めるサポートを、自ら設立した分析広報研究所の代表取締役として提供しています。地上波のテレビ番組や全国紙から取材を受けて登場したり、自ら記事を執筆する機会を多数いただいてきて、専門家として、多少認めてくださる方ができましたが、自身のキャリアを振り返っても、いわゆる「広報のプロ」として歩んできたわけではありません。

むしろ、紆余曲折を経て偶然たどりついた場所だという感覚すらあります。

しかし自分でいうのもなんですが、広告業界の常識に染まってこなかった分、より大局的な視座から広報や企業活動全般を捉えることができたのです。それが私の強みにもなっています。

1997年春、上智大学経済学部を卒業した私は新卒で山一證券に入社しました。

「えっ、97年に山一證券入社……」

ピンときた方もいらっしゃるかもしれません。

そうです。日本四大証券の一角として隆盛を誇った山一證券にあって、私は最後の代の新入社員でした。

ご存じの通り、97年11月、山一證券は不正会計によって自主廃業を発表（後に経営破綻）します。当時の野澤正平社長が記者会見で号泣しながら「私らが悪いんであって、社員は悪くありませんから」と訴えた光景をテレビでご覧になった人も多いでしょう。

さて私が新入社員として研修を終え配属されたのは、山一證券の本体ではなく、山一証券経済研究所というシンクタンク子会社の企業調査部でした。そこで企業や産業について調査分析をする仕事を始めた矢先に会社がつぶれてしまったのです。

「ついこの間、厳しい就職戦線をくぐり抜けてようやく入社できたばかりなのに……」

忸怩たる思いを抱えながらも第二新卒として再び就職活動を行い、今度は米マイクロソフトの日本法人になんとか入社します。

そこでは1年半ほど管理部門の仕事をしていましたが、山一證券時代に少し経験したアナリストの仕事をもっと追究したいという気持ちが高まってきました。

今度は運よくＩＴバブルの追い風にも乗って、希望通り大和証券系のシンクタンクである大和総研に入社することができたのです。

●アナリストとして「100倍成長企業」を発掘

大和総研では企業調査部に配属され、小売・専門店・外食など、一般消費者を顧客にするBtoCビジネスの成長企業を中心に調査・分析を行いました。こうして、事業を外部からの視点で評価・発掘する経験を積んだのです。

思い出深い企業の一つに、衣料品や雑貨の小売業だった株式会社ポイント（現・アダストリア）があります。

同社は2001年3月の株価46円（株式分割考慮後の調整価格）から、06年1月の最高値5230円まで、なんと113倍に株価が高騰しました。

「2000年代にもっとも株価が上がった銘柄」として知られたこの会社を、アナリストの立場で最初に買い推奨レポートを書いたのは私だったのです。

こんなエピソードを紹介すると、「小島さん、株価が100倍になる企業をどうやって見抜いたのですか？」という質問が来たりします。

しかし、そんな手法があったら私も知りたいくらいです（笑）。

当時の私は、企業を研究することそれ自体が非常に楽しく、昼夜を忘れてのめりこんでいました。

「どこかに、誰も知らない面白い会社はないだろうか？」

そう思いながら何百社もリサーチした結果、偶然にもそのうちの1社が「100倍成長企業」だったのです。「発掘」と書きましたが、まさに考古学の研究のように、広大な土地を根気強く掘り続けていたら、貴重な宝を発見できたという感覚です。

シンクタンクには5年ほど在籍しました。日々のリサーチの積み重ねで「誰も知らない成長企業を発掘した」という経験は、アナリストとしての醍醐味を実感しましたし、現在の活動にも通じています。

アナリストとして外部からビジネスを分析・評価する能力を身につけたのはいいですが、今度は自ら事業を行う仕事をしてみたいという気持ちが高まってきました。「隣の芝生は青く見える」とよくいいますが、ないものねだりの心理もあったのかもしれません。

その後の数年間は、不動産・ゲーム・インターネットサービスと、いずれも上場企業3社に勤務しました。

社長室の責任者を任されたり、経営企画やM&A、内部統制の業務に従事しながらもアナリストの経験を生かした、PR（Public Relations＝広報宣伝活動全般）やIR

（Investor Relations ＝投資家への広報活動）にかかわってきました。

外部からビジネスを評価してきた私が、今度は企業の内部から外部に対しての発信やリレーション（関係）構築を行う立場となったのです。

このときの経験によって、広報という概念を幅広く捉えなおすことができたのです。

● ひたすら決算説明会に出続け、1000社超を継続リサーチ

東日本大震災が起きた2011年の末に私は会社を辞め、独立しました。

震災によって日本経済も打撃を受け、今後の景気悪化も予想されていた時期でした。

「よりによって、なんでこんな時期に独立するの？」と、たくさんの人から心配もされました。

先行きをもっとも心配していたのは妻だったと思います。私は妻を元気づけようと、「食べるものがなくなったら、野原でタンポポを摘んできて、おひたしにして食べればいいさ！」と明るくいったところ、とんでもなく冷たい目で睨まれたことをいまでも覚えています（笑）。

実際、何のあてもなく独立した私でしたので、開業当初はほとんど仕事もありません。そこで私が始めたのが、「上場企業の決算説明会にとにかく出席する」ということでした。事務所でじっと新聞や資料を眺めているより、経営者のいる「現場」に少しでも身をおくことで、アナリストとしての感覚が鈍らないようにしたかったのです。

決算説明会とはその名の通り、上場企業が定期的に開催し、自社の決算状況や経営に関して説明をする会合です。本決算後と中間決算後の年2回開催する企業が多いのですが、なかには四半期ごとに年4回開催する企業もあります。

主な参加者は投資家や報道関係者、そして証券会社のアナリストです。証券会社や運用会社という「プロの機関」に所属していなくても、公益社団法人日本証券アナリスト協会の会員であれば、決算説明会の開催スケジュールが案内されます。

協会からの案内を頼りに、私は時間が許す限り、規模や業界を問わず、参加させてくれる決算説明会に飛び込みで参加しまくっていました。

会社によっては受付を通してもらえないこともありましたが、それでもめげずに、ひたすら決算説明会へ足を運び続けたのです。

決算説明会では、企業側の発表の後、質疑応答の時間が取られます。疑問に思うことや関心を持っている動向について、上場企業の社長に直接質問できます。

そもそも誰の紹介もなしに、忙しい上場会社の経営者に会えて、話ができてしまう。また直接お会いすることで、社長の表情や声、口調、全身から漂ってくる雰囲気など、言葉以外に伝達される情報（ノンバーバル・コミュニケーション）もたくさん受け取ることができます。

このように普通の人が取れない情報に触れられることは、アナリストの役得以外の何物でもありません。

質疑応答の機会以外にも、「囲み取材」のように、名刺交換をしながらさらに質問する機会が持てる場合もあります。

そして、次回の決算説明会の案内を送ってくれる企業に関しては、その後も決算資料などに必ず目を通して、動向をチェックしています。

決算説明会の案内を送ってくれる社数は、分析広報研究所を法人成りさせてから5年目の2016年から1000社を超え、極力私やリサーチメンバーで参加するようにしていますし、私はこのすべての社の決算資料に目を通してきています。

決算説明会シーズンになると、週末を含め、見きれなかった資料や録音データ、動画のチェックにかなり時間を割く生活を、もう10年以上続けています。

何度も決算説明会に参加していると、「いつもありがとうございます」と声を掛けられることも増えてきます。最初は、「分析広報研究所って何？」という感じで接してきた会社の態度がそのように変わることもあります。

毎月、上場企業の経営者に向け、私が書いている分析広報研究所のメールマガジンを送っていますが、現在（2023年9月）送付先数は1400件を超えています。

このメールマガジンを通して、私を覚えていてくれる方もあり、やがて決算説明会の場だけはなく、会社に直接訪問して話を聞かせてくれたり、会食する機会をいただくことが増えています。

手前味噌ではありますが、上場企業の経営者1400人以上のメールアドレスを持っているアナリストは、非常に珍しいのではないでしょうか。

勝手に決算説明会に参加し、勝手に決算情報を追いかけているだけなのに、「いつもありがとう」といわれ、ときには、経営者直々に「うちの会社を手伝ってほしい」などと依頼されることもあります。そういったご縁に感謝しながら、日々リサーチを続けています。

さて、ここまで何度も「リサーチ」という単語を用いてきました。

一般的に「リサーチ」とは「調査・研究」というふうに訳されます。

意味としてはもちろんその通りなのですが、私が行っているリサーチは、机の上でデータとにらめっこして行う調査・研究だけではありません。

もちろん財務会計や統計などの数値データを抑えるのは大前提ですが、それに加えて決算説明会などさまざまな場を利用して企業の経営者や投資家などと直接会って話を聞き、その後も継続的にコミュニケーションをとりながら調査をします。これが私のやってきた、キーパーソンに直接アプローチして情報をとる「ダイレクト・リサーチ」です。

さらに、業界をまたいで各企業の動向をウォッチし続けてきたことで、社会の各分野を横断的に串でさすかのように、独自に社会動向を把握できるようになりました。アナリストは各業界の専門家になる傾向が強く、業界横断的な視点を持っている人は少ないので、その点も経営者やメディアの方々から評価されているのかもしれません。

さまざまな業界をまたがる1000社以上の上場企業をずっと継続リサーチすることは、アナリストとしては、他にやっていないやり方です。普通にやろうとしたら、あまりに大変すぎるので、これからも他社はやらないのだろうと思います。あえて似ている会社があるとすれば、会社四季報編集部を有する東洋経済新報社さんくらいしかないのではないでしょうか。

●日本の広報には「評価」のプロがいない

なぜ自分の会社の屋号を「分析広報研究所」としたのか？　それは、ここまで述べてきたキャリアと密接に関連しています。

私は証券会社のアナリストとしてキャリアをスタートさせ、その後、事業会社でのＰＲやＩＲの実務を経験しました。

企業の価値について、アナリストとして「外」から評価する目と、経営陣の立場で「内」からどう評価をつくるかの目、双方の視点を養うことができたのです。

本書の「はじめに」でも触れた通り、日本では「広報＝広告」という認識が一般的になっています。対価を払って商品やサービスを宣伝する広告業界の一部として、広報業界が存在しているのです。

広報業界が広告業界の一部になってしまっている土壌に、日本独自の広告習慣（後述します）が重なったことにより、日本の広報業界には「評価」のプロフェッショナルが育たない環境ができてしまいました。

企業の評価を、外から分析することも、内から発信することもできる。第三者からの評価をつくりだしていくことが広報の真の価値であるならば、私こそ適任なのではないだろうか――。

少々おこがましいかもしれませんが、独立にあたって私はそのように決意し、アナリストとしての経験を広報に生かすという意味で「分析広報研究所」という屋号にしたのです。

……と、偉そうなことを述べてきましたが、独立前からお手伝いしていたいくつかの会社の案件がいずれも広報関連の分野だったので、「アナリスト視点で広報をコンサルティングする仕事はニーズがある」という実感があったということも大きな理由です。

それに、広報業界でプロとして仕事をしている人のほとんどが、広告業界かメディア業界の出身者で、私のような証券アナリストから広報業界に飛び込んだ人など滅多にいませんでした。

一方で私は、上場企業3社でＩＲ（Investor Relations 投資家対応）やＳＨ（Shareholder Relations 株主対応）、メディア対応なども経験してきました。

ＩＲとは、企業が株主や投資家に対し、財務状況など投資の判断に必要な情報を提供していく活動全般を指し、広報の一部に位置づけられます。ただ、ＩＲの出し方によって投資家の行動が変化し、自社の株価に影響を及ぼします。そのためＩＲは、広報のなかでも特に重要なのです。

アナリスト視点で広報をコンサルティングしつつ、IRなどの実務も経験してきた私だからこそ、日本の広報業界に一石を投じることができるとの確信があるのです。

●企業価値は、ほとんどが「期待」で構成される

「分析」と社名で謳って、「アナリスト」と名乗っている私ですが、この本ではあまり数字を出していません。

私は、簡単ではない試験をパスして、日本証券アナリスト協会の検定会員になっていますし、『日経金融新聞』(現『日経ヴェリタス』)や『エコノミスト』誌の人気アナリストランキングに、名を連ねたこともありました。

実務としても企業価値算定にかかわった経験もあるのですが、それでもあえて数字に基づいた分析ではなく、人間の感情に訴えかける「広報」という切り口に絞って本書を記したのは、以下のような理由があるからです。

M&A(企業の合併・買収)や株式投資などの際に、会社全体の経済的価値である「企業価値」を計ることはとても重要です。

企業価値の算出方法は、目的によって複数の計算方法があるので一概にいえません。将来のキャッシュフローを推定して企業価値を計ろうとした場合、本来なら緻密な利益予測の積み上げから算出するのが筋でしょう。

しかし実務の現場では半分以上（一説によると8割以上）の企業において、「期待成長率」という、あまり根拠のない便利な数字が計算に用いられています。冗談ではなく、担当者のさじ加減で動く数字であり、最後は「エイヤ！」で決めてしまうのが現実なのです。

世間から見れば緻密な罫線で導きだされたと思われている企業価値という数字も、未来への期待という、実態がつかみきれないものによって左右されているのです。

「何だそれは、そんな適当なことでいいのか？」と思われるかもしれません。しかし、どんな経済の専門家でも、神様ではありませんから未来を正確に予測することは不可能です。

誰も未来を予測できないからこそ、そこに広報が介在して、会社に対する世間の評価を高めることにより、期待値の反映である株価を上げることも可能になるのです。

私が見てきた範囲でも、急速に成長する企業は、世間からの期待の大きさをレバレッジ（てこ）のように活用して、自社への投資を呼び込み、そして実業を拡大させています。

まずは広報によって高い期待や評価をつくりだし、その後に実業が成長するという順序です。世間からの期待という追い風無しで事業を拡大させようとするよりも、そのほうがよほど成長のスピードが速くなるのです。

●成長する企業の広報は「行動変容」を起こせる

分析広報研究所として独自にリサーチ活動をしている期間が10年を超えて、決算説明会への参加などを通して定点観測し続けている上場企業数は1000社を超えてきました。この活動を通して、わかってきたことがたくさんありました。そのなかでも大事な点に、「企業が発信する情報（＝広報）は、受け手の行動を変容させてこそ意味がある」ということがあります。

決算説明会やIRでは、社長や担当者が自社の決算状況や今後の経営ビジョンなどについての情報を伝えます。

しかしその情報は、「伝える」だけでは企業にとって意味がありません。

参加した報道関係者が自分たちのメディアで報じてくれるかどうか。

あるいは機関投資家が実際に自社に投資してくれるかどうか。

「報じる」「投資する」といった、行動の変容が伴ってこそ、広報による情報発信に意味があるのです。

あるいは消費者向けの広告をたくさん展開したとしても、それを目にした人々が実際に商品を購入するという行動に結びついて、初めて企業の利益になります。

いくら「関心」を持ってもらったとしても、その後に「報じる」「投資する」「購入する」という行動につながらなければ、企業の広報活動としては失格なのです。


これは、メディアとアナリストが扱う情報の違いにも通じます。

メディアもアナリストも、提供しているものは情報です。

しかし、双方が扱う情報の意味は大いに異なるのです。

メディアに企画（情報）を持ち込むとき、「へぇ〜」と3回いわせたら、その企画は採用といわれます。すなわち、「関心」を持たせられるかどうかが勝負なのです。

メディアの顧客は視聴者や読者であり、いかに大勢の人から見られたり読まれたりされたかが、評価につながります。

一方、アナリストは「関心」を持たせるだけでは評価されません。

証券アナリストが出すレポートの読者は、投資家です。

買い推奨レポートを出した銘柄を、どれほど多くの投資家が実際に買ってくれたか。逆に売り推奨レポートを出したなら、どれだけの投資家が売りに転じたかが問われるのです。

このように実際に企業の株式を売買させるという「行動」が生じて、情報を発信した企業の株価が動いてこそ、情報を発信したアナリストが評価されるのです。

つまりアナリストが発信する情報も、企業が発信する情報も、受け手の行動を変容させるという目的は同じなのです。

成長する企業の社長は、この原則をよくわかっています。

だからこそ決算説明会を始め、あらゆるチャンネルを駆使して、世の中に対して自社の価値を効果的に発信しようと知恵を絞っています。

社会のなかで評価を高め、多くの人の期待を集めて巻き込んでいくことが、自社の成長に直結するからです。

「第三者からの評価をつくりだしていくこと」

これこそが広報の真の価値です。

そして、第三者からの評価は、会社の成長を加速させる力となるのです。

あなたの会社が広報を活用して、第三者からの評価をどのようにつくりだしていけばいいのか。そのために必要な思考と行動は何なのかを、一緒に考えていきましょう。

第1章

なぜいま「分析広報」が必要なのか？

● 広告と広報の違いは何か

第1章では、「広報」に対するこれまでの日本の常識や、一般的な認識から脱却し、広報がなぜ企業の成長に必要なのかを考えていきます。

「分析広報」のアプローチでは、「第三者からの評価をつくりだす」ことを重要視しますが、「評価される」ということがなぜ大事なのかについても説明していきたいと思います。

日本ではこれまで、広報は広告の一部としてみられてきました。

どちらも日本語では「広」という漢字が使われていることもあり、似たようなものだと認識されてきた経緯があります。

しかし英語では、広報（Public Relations）と広告（advertisement）は明確に違う言葉として扱われています。

英語で広告を意味する「advertisement」は、「振り向かせる、注意させる」といった意味の「advertere」というラテン語からきています。

一方で広報は、「public（公共）」との「relations（関係）」という単語から成り立っていることからも、二つの性質の違いがわかってきます。

日本での広報・PRの定義としては、次のようなものになるでしょうか。

〈PRとは、公衆の理解と支持を得るために、企業または組織体が、自己の目指す方向と誠意を、あらゆる表現手段を通じて伝え、説得し、また、同時に自己修正をはかる、継続的な対話関係である。自己の目指す方向は、公衆の利益に奉仕する精神の上に立っていなければならず、また、現実にそれを実行する活動を伴わなければならない〉

(加固三郎『PR戦略入門』ダイヤモンド社、1969年)

このように広報とは、広告を出稿して単純に露出の機会を増やすだけではなく、自己の評価を構築するための継続的なコミュニケーションなのです。

●社会の理解や評価に働きかける

広告型のPRとは、目に見える露出を増やすアプローチです。

それに対して、私が提唱する「分析広報」が目指すのは「ロビーイング型PR」とでもいうべきアプローチです。

外部評価である「見られ方」の構築には、社会に向けたロビーイング型の働きかけが必要になるのです。

整理すると、次のようになります。

・従来の広報＝広告型ＰＲ（露出を目指す）＝売れるコミュニケーション
・分析広報＝ロビーイング型ＰＲ（理解や評価のされ方を変える）＝勝てるコミュニケーション

氷山に例えると、水面上に出ている部分が広告型ＰＲによる露出効果です。しかし、それは全体の1〜2割にしかすぎません。

残りの8〜9割の大部分は水面下にあって、パッと見た限りではその実態を知ることはできません。

しかし水面下で表に出なくとも、見えない評価や理解の土台がしっかりあるからこそ、水面上に露出している部分に価値があったり、立派に見えたりするのです。

本来の広報とは、戦略的に外部の社会とコミュニケーションをとることが大切な役割です。しかし企業広報の領域において、そのような価値的なコミュニケーションを実践されてきた会社は多くはありません。目に見える露出が増えればよい、売上に直接つながる効果を求める広告型ＰＲの範疇にとどまっているのです。

自社の商品やサービスを単純に露出させるだけの「売れるコミュニケーション」に終始するのか。

それとも競合他社との競争に「勝てるコミュニケーション」を志向するのか。

ここでいう「勝てる」とは、単純に売上や利益の規模を競って勝つことではありません。売上や利益で競争しても、業界内の上位に位置する大企業に、中堅・中小企業が勝つことはほぼ不可能だからです。

そこで、売上や利益の規模とは違う尺度で社会からの評価をつくりだすのが、広報が目指すべき「勝てるコミュニケーション」なのです。

企業は、事業ステージや事業規模の変化に伴い、社会とのコミュニケーションのあり方も変わっていかざるを得ません。ある時期ではメディアへの露出を重視することも必要でしょうし、事業規模が大きくなってくれば、より社会性に重きをおくアプローチへとシフトしていくこともあります。

大切なことは、「第三者からの評価をいかにつくりだすか」という広報本来の役割に沿った形で、適切なコミュニケーション戦略をとれるかどうかなのです。

●コミュニケーションは「売れる」から「勝てる」へ

「広報＝広告」というイメージが強い日本においては、ＰＲ会社といっても露出を増やすことに注力する存在だと受け止められています。

もちろん海外でも、広告に軸足をおいて「売れるコミュニケーション」を行うＰＲ会社もたくさんあります。

しかし、他社との競争に「勝てるコミュニケーション」を行って、企業に対する社会からの評価を高めているＰＲ会社のほうが、よほど存在感があるのです。

自社の商品やサービスを、広告を使って露出を増やし、消費者に印象づけていくという「売れるコミュニケーション」は、ある程度は想像がつくかと思います。

しかし、「勝てるコミュニケーション」といわれても、パッとイメージがつきにくいのではないでしょうか。

一つの例として、選挙にかかわるＰＲのプロフェッショナルである選挙プランナーを考えてみましょう。

選挙プランナーはただ単にクライアントである候補者の顔を売って、知名度を上げることさえすればよいのでしょうか？

違いますよね。選挙プランナーの役割は候補者を勝たせることであり、そのために広報活動を通じて有権者の投票行動を変容させ、自分たちに投票させることです。彼らは、どういう構図をつくれば、選挙区での局地戦に勝てるかをリサーチして、分析します。日本で「マニフェスト」を使って、国政選挙で躍進した政党があったとき、ＰＲ会社が注目されたことがありましたが、売れるマーケティングとは異なる、勝てるコミュニケーションであったと理解してもらえると思います。

本来の広報も、経営者が目指す未来の姿をいかに実現するか。競争相手との戦いの現状を分析して、企業がどう変わるか、未来への道程を導きだす手段です。宣伝広告の手段として、いかに売るかばかりに広報を使ってしまうのは、非常にもったいない。競争相手にいかに勝てる事業環境をつくりだすかに使うほうが経営者にとって得なのです。

●分析する広報の三つの視点——タテ・ヨコ・奥行き

「分析広報」といっても、「それでは何をどのように分析すればいいのか？」と疑問に思われる人も多いでしょう。

具体的なノウハウは本書で順次述べていきますが、私がもっとも大切に考えているのは、次に挙げる三つの視点から分析することです。

①タテ（業界）
②ヨコ（社会）
③奥行き（時間の経過）

多くの経営者は、①タテ（業界）という視点だけにとらわれています。

「業界」とは、同じ産業やビジネスに関係する人々でつくられた、社会のなかの一領域のことです。ヒト・モノ・カネの流れによって形成されたネットワークだといえるでしょう。

建設、半導体、ＩＴサービス、自動車、化学、食品……等々、数多くの業界が存在し、企業もどこかの業界に所属しているという見方が一般的です。

就職活動の際にも、「業界研究」と「企業研究」をして対策する、といったことが行われます。

大手経済メディアでは、業界ごとに担当記者がいますし、『日経ヴェリタス』や『エコノミスト』などの証券アナリストの人気ランキングでは、業界ごとに順位がついています。

このように、ビジネスを業界というカテゴライズから見ることは、一般的にも浸透しています。

もちろん、業界の知識は大切ですが、長年そのなかで仕事をしている経営者は、業界内の「川上↓川中↓川下」という単線的な流れだけを意識して、自社のビジネスを考えている人が多いのです。まるで、自社が所属する業界だけが世界のすべてであるかのように錯覚してしまうのです。

業界という狭い世界にとらわれた見方をしていると、いつしか社会との認識のズレが出てきてしまいます。すると、企業が社会に対して何かを発信しようとしたときも、効果的なコミュニケーションは難しくなってしまうのです。

また、大抵の経営者は、業界だけではなく、③奥行き（時間の経過）という視点も兼ね備えています。

「自社はこれまでどうだったか？」と、業界内で積み重ねてきた歴史を振り返り、自社が獲得してきた実績や評価などといった価値を見つめ直そうとする経営者もいるのです。

企業の発展に伴う事業ステージの変化は、主に左記のようなプロセスを辿ります。

創業期↓成長期↓成熟期↓展開期／衰退期↓第2創業期

こうしたステップを踏んで、企業は売上や利益を伸ばし、成長していきます。その時間の経過が、企業の「奥行き」となるのです。

ただ、私が業界アナリストだった時代から、現在、分析広報研究所として業界をまたいでさまざまな企業を見てきて確信したこととして断言したいですが、多くの経営者が自社のビジネスを見る視点は、タテ（業界）と奥行き（時間の経過）という二つにとどまってしまっているのです。

これに対して、分析広報のアプローチが重視するのは、②ヨコ（社会）の視点です。

業界というタコツボ化された狭い世界の外にある、世間という広い社会からの視点で企業を分析するのです。

社会（社会性）という視点で企業活動を見るということは、これまであまり意識されてきませんでした。ここでいう社会とは、「public（公共）」にもつながります。

企業をリサーチする際においても同様です。

業界内でのシェアが何位なのか、業界のトレンドは今後どうなのか、業界のビジネスモデルや利益構造はどうなっているのか……。こうした業界内（タテ）の視点から企業をリサーチする人はたくさんいます。

そのため外部アナリストに対しても、「Aさんは自動車業界に詳しい」「Bさんは流通業界のプロだ」といった評価がなされたりするのです。

同時並行的に業界をまたいでリサーチするということは誰もやっていません。

私は独立当初より、独自のリサーチを10年以上にわたって行ってきました。現在では、継続的にリサーチしている上場企業の数は、1000社を超えています。特定の業界にこだわるのではなく、複数の業界を俯瞰して見ていくことで、業界という枠を超えたより大きなトレンドの存在をいち早く察知できるようになったのです。

例えば「脱炭素」という世界的なトレンドには、電力・ガス・石油といったエネルギー業界だけでなく、自動車、電機・通信、素材、そして商社など、数多くの企業が業界の枠を超えてネットワークを形成し、チャンスをものにしようと動き始めています。

エネルギー業界だけを見ていてはわからない動きも、複数の業界をまたいだ立ち位置からは見えてくるのです。

このように私は、「いくつもの業界を横串で差すように横断してリサーチする」独自の手法で、社会動向を企業・産業の連関を通して見る視点を身につけることができました。

業界内の、川上から川中〜川下へとつながる「タテ」の流れ。

自社が歩んできた時間の経過に伴う事業ステージの変遷という「奥行き」。

それらに加えて、業界ごとの連関という「ヨコ」のつながりを、より一層大きな社会という観点で考えるのです。

企業が大きく成長するフェーズにおいては、それまで所属していた業界という枠組みを超えて、「ヨコ」に事業領域を広げることで拡大していきます。

業界内の序列というポジションとは別に、新しい事業領域を社会に広げる。そのための企業のあり方や第三者からの評価を、広報の働きによってつくりだすことが可能なのです。

まさに、「public（公共）」との「relations（関係）」をつくるという広報本来の役割なのではないでしょうか。

● アナリスト＝企業広報の司令塔

ここで問題になってくるのが、日本の広報業界は、広告やメディアの業界出身者が多数を占めており、アナリストが存在しないという点です。

アナリストがいなければ、三つの視点から分析する広報を実践しようにも、そのスタートラインにすら立てません。

では、そもそもアナリストとはどういう存在なのでしょうか？

アナリスト（analyst）は、英語の直訳から「分析者」という存在だと思われがちです。

ただ私としては、アナリストを「分析者」と訳されると、かなり違和感があります。「軍事アナリスト（military analyst）」を、「軍事分析者」と紹介するでしょうか？　ちょっと変ですよね。

アナリストを日本語に正しく訳すならば、「事情通」という言葉が適切でしょう。

分析の手法や知識を身につけ、使いこなすというのがアナリストの大前提です。しかし、それだけでは世間がアナリストに求める水準の情報発信を続けることはできません。

対象の動態を正確に把握しつつ、周辺の情報にも通じている。つまり、情報に精通していることこそが、アナリストをアナリストたらしめているのです。

情報に精通していない、単にデータを収集してそれを読むだけのアナリストは、早晩、ＡＩ（人工知能）によって仕事を失うでしょう。

さらにいえば、単に情報に精通しているだけでは物足りません。

私自身は、いわゆる「セルサイド（証券会社などのブローカーに属する）のアナリスト」であった経験もあります。証券会社などのブローカーは、他人のビジネスや売買を仲介して手数料を得るビジネスモデルです。

そのため、セルサイドのアナリストは、情報を発信して、納得してもらっただけでは仕事をしたことになりません。そこから実際に「買う」「売る」といった行動をさせなければ、経済的価値は生まれないのです。

そこが、リサーチすることそのものを仕事とするリサーチャーとは違う点なのです。

こうしたアナリスト的な素養や経験を持った人物が、企業の情報発信や外部とのコミュニケーションに従事すれば、社会からの評価構築に向けた大きな力となるでしょう。

いわば、アナリストが企業広報の司令塔の役割を担うのです。

欧米では、日本のように露出さえすればよいという広告型ＰＲだけではなく、社会のなかで競争に勝つためのコミュニケーション戦略を提供するPR会社が多数存在します。そのようなPR会社のスタッフには必ずアナリストがいるのです。

アナリスト不在の日本のPR会社は、司令塔不在の軍隊のようなものであり、シビアな競争に勝ち抜くことはできません。

日本においても、そのような欧米型のPR会社ができないものか。そのように考えた私は、自分自身のアナリスト経験を生かした「分析広報研究所」を立ち上げるに至ったのでした。

自社の決算説明会やIR説明会などで、社外アナリストとの質疑応答の機会がある経営者の方々も多いことでしょう。

そうした際にも、「そもそもアナリストとはどういう存在か?」を意識しておくと、社外アナリストとのコミュニケーションが円滑に進みます。

自社の価値を「タテ・ヨコ・奥行き」という三つの視点から語っていくこと。

特に、社会性という視点から、自社が今後どうやって事業領域を拡大して成長していけるのかのビジョンを、周辺情報も含めて伝えていくこと。

アナリストを単なる分析者としてではなく、事情通としてリスペクトしながらコミュニケーションをとっていけば、自社の価値を世の中に広める強力な助っ人の役割を果たしてくれることでしょう。

●比較広告をしない日本の商慣習

「はじめに」で私は、日本独自の広告習慣によって評価のプロフェッショナルが育たないという問題点を指摘しました。

その原因となっている日本独自の広告習慣とは、「比較広告があまり行われていない」ということです。

比較広告とは、自社の商品やサービスを競合他社のそれと比較し、自社のほうが有利であることを訴えて消費者にアピールする手法です。

消費者庁のホームページには、次のような記載があります。

〈景品表示法第5条は、自己の供給する商品・サービスの内容や取引条件について、競争事業者のものよりも、著しく優良又は有利であると一般消費者に誤認される表示などを不当表示として規制していますが、競争事業者の商品・サービスとの比較そのものについて

禁止し、制限するものではありません。〉

このように、「商品・サービスとの比較そのものについて禁止し、制限するものではありません」となっております。

そもそも日本では憲法21条で、

〈集会、結社及び言論、出版その他一切の表現の自由は、これを保障する。〉

と謳われている通り、「表現の自由」が保障されているはずです。

しかし、日本の広告業界においては比較広告があまり行われておりません。

「他社さんを下げることで自社の商品やサービスをアピールするのは非倫理的だ」という、明文化されていない〝空気〟によって自主規制されている状態なのです。

この事態は日本企業から活力を削いでいる一因であると考えています。

なぜなら、広告に限らずあらゆる分野において、比較は評価の土台となります。

評価には、必ず尺度があります。そして、良し悪しを判断するために、ベンチマークとなる基準点もしくは比較対象があります。そして、その評価対象の範囲があります。

自動車であれば、まず車種のタイプ（セダン、ワゴン、ミニバン、コンパクトカーなど）で分類されます。そのタイプのなかで、排気量、燃料（ガソリン車、電気自動車、ハイブリッド車など）、燃費、乗車定員など、さまざまな評価の尺度があります。

例えばコンパクトカーというタイプのなかで、各社の車種を比較検討するとします。一般的にはコンパクトカーは排気量１５００CC以下の車種となります。ここでは仮に１５００CCのハイブリッド車としましょう。乗車定員は５人です。

このように評価対象の範囲を設定したうえで、AとBという2社の車種を「燃費」と「新車価格」という二つの評価尺度から比較します。

・コンパクトカーA……燃費：３６キロ／リットル、新車価格：２８０万円
・コンパクトカーB……燃費：２８キロ／リットル、新車価格：２２０万円

つまり、Aは燃費がいい代わりに新車価格が高く、逆にBは燃費に関してはやや劣りますが新車価格が安いのです。

非常に単純化した例ですが、このように範囲を設定したうえで、共通の尺度でもって、何かを比較するということは、消費者は普通にやっています。

しかし広告でそれをストレートに比較することは、日本では稀なのです。

この比較という重要な要素が欠落したら、評価が成り立つわけもありません。

価値評価の基準となる「比較する」という行為を封じられているために、日本の広報業界では「評価のプロフェッショナル」が生まれにくい構造があるのです。

●勝つためにルールづくりからかかわる

「日本の常識は、世界の非常識」とよくいわれますが、広報についてもその言葉は当てはまります。

日本のように広報が広告と同一視され、「売れるコミュニケーション」一辺倒になっている状態は、世界では決して一般的ではありません。

むしろ欧米のPR業界では、「勝てるコミュニケーション」である、ロビーイング活動などを重視するのが常識となっています。

それは、競争の勝敗に直結する「評価の基準」を決めるプロセスに直接働きかけることですから、重視されるのも当然といえるでしょう。

しかし日本では、「ロビーイングが広報?」と、怪訝な顔をされて受け止められてしまいます。

なぜかというと、ロビーイング(lobbying)を日本語にすると、「陳情・歎願」などと翻訳されるからでしょう。政治家や行政などの権限がある存在に対し、ペコペコと頭を下げてお願いして回る活動や圧力団体がプレッシャーをかけるような活動だと誤解されています。

ロビーイングを専門に行う「ロビイスト」という職業も欧米では非常によく知られていますが、日本ではまだまだ知名度が低く、「何をしている仕事なのかよくわからない」といった感覚が一般的ではないでしょうか。

アメリカでは、約3万人のロビイストが存在するといわれ、登録することが法律で義務づけられています。上下院や行政府などに働きかけ、法案作成などにも力を及ぼしています。

アメリカやヨーロッパのロビイストは、日本のように陳情や歎願はしません。事実と根拠を伝えるなかで、「比較」も有効に活用しながら、評価基準やルールの作成に関与しています。

どのような括り方（カテゴリー）をして、どのような基準（尺度）で、どこのベンチマークと比べるのか。

こうした評価基準づくりの段階から関わることで、自社に有利な評価が世間からなされるような方向へ持っていくのです。消費者の目に触れるPR活動を行って露出するときには、すでに評価は固まっており、もはや勝負の大勢は決しているわけです。

先に挙げたコンパクトカーの例を再び出します。

・コンパクトカーA……燃費：36キロ／リットル、新車価格：280万円
・コンパクトカーB……燃費：28キロ／リットル、新車価格：220万円

並べると、「燃費が安く新車価格が高いAか、燃費が高いが新車価格が安いBのどちらを選ぶか？」という競争になります。

自社の商品がコンパクトカーAならば、商品が露出する段階で、「購入時に少し高い値段だとしても、燃費が安いほうがいい」「燃費が安いほうが地球環境に優しい。少し高い車を買うのは環境のための投資だ」

このような評価基準を事前に社会に浸透させておけば、競合のBに対して有利に戦っていけることはいうまでもありません。

広報による「勝てるコミュニケーション」とは、自社に有利な評価基準をつくっておくことなのです。

欧米では、ロビーイング活動などの「(競争に) 勝てるコミュニケーション」を提供し

ているＰＲ会社が多く、結果としての露出よりも、表に出ないロビーイング活動を重視する傾向があります。

それは、競争の勝敗に直結する暗黙のルール（評価基準）づくりに関与するほうが、露出よりも効果が高いことが実証されているからに他なりません。


余談ですが、スポーツの世界では日本が強い競技に限ってルール変更がされてしまう事例が散見されます。

１９９８年の長野冬季五輪スキージャンプ競技で、日本代表チームは個人と団体を合わせて金メダル2個、銀メダル1個、銅メダル1個という、輝かしい結果を出しました。

その直後の１９９８―99年シーズンより、スキージャンプ競技に「１４６％ルール」が導入されます。スキー板の長さ規定が、従来の「身長プラス80センチ」から、「身長の１４６％以内」へと変更されたのです。

その結果、身長の高い選手ほど長いスキー板が使用できるようになり、欧州勢と比べて相対的に小柄な選手が多い日本人にとって不利なルール改正だと話題になりました。

これはほんの一例ですが、国際社会において日本人がルール（評価基準）作成で主導権を握れないのも、そもそもルールづくりを重視しておらず、そのプロセスに関与しようとしていないからなのでしょう。

●成長する企業は、広報がメディアに「教える」

分析広報研究所では、年間1000社を超える企業をリサーチして、私はそのすべての決算資料に目を通しています。

そのなかでわかった、広報で成功して、成長する企業や自社の有利な業界内のポジションを維持している企業の特長があります。それは、「業界の重要なプレーヤーとして、メディアに対して情報を『教える』ことができる」ということです。

メディアが興味を持ち、記事として発信できる情報を「届ける」だけでなく、属する業界の重要なプレーヤーとして、メディアに対して業界の情報を「教える」ことができる企業こそ、広報が成功している企業なのです。

日本における広報は、広告宣伝活動の一環と捉えられていますので、露出することが重視される傾向があります。

いかにメディアに露出して、反響を得るか。そのために、記事を書く記者に対して、どのような情報を届けるか。つまり、「どれだけ多くの人に対して情報を伝えるか」ばかりに広報関係者の関心が偏っている傾向があります。

その結果として、プレスリリース配信など、同時に多くのメディアに情報を届けるサービスが多数登場しているのが現状です。また、どれだけ多くのメディアのハウスリスト（顧客情報）を持っていて露出のチャンネルがいくつあるかが、あたかも自社の広報資産であるかのように思われています。

私も、広告によってメディアに露出する効果を否定するものではありません。しかし、露出だけに頼っていると、その効果は一時的なもので終わってしまいます。それでは非常にもったいないのではないでしょうか。

「広告で自社の商品やサービスが消費者の目に触れれば、それで十分でしょう」

そう考える経営者の方もいらっしゃるかもしれません。しかしそれでは、長期的に評価を得続けることは難しいですし、いずれ競合他社に敗れてしまうでしょう。

競争に勝つという観点で広報を捉えなおせば、広告はあくまでも広報活動の一部にしかすぎません。

広報が本来目指すべき活動である、外部からの評価形成や、競争に勝つための環境づくり、そして自社の社会的なポジショニングを戦略的に構築することを考えたとき、単に情報を届けるだけの関係性しかメディアと築けていないのは、不十分ではないでしょうか。

業界内で、自社が優れたポジションを占めているならば、ある情報に関してメディアの側から「教えてほしい」というリクエストが来るようになるはずです。

「あなたの会社だからこそ、この件について価値ある情報を持っているだろうから、ぜひお話をお聞きしたい！」

このように他社ではなく自社にメディアがアプローチしてくるようになれば、社会的な評価を得ている証であり、広報活動の成果が出ているといえるでしょう。

仮に業界内の序列がナンバーワンでなかったとしても、1位の企業以上にメディアから注目され、社会的に評価されるということは、十分に可能なのです。

逆に、自社に対して「教えてほしい、取材したい」という依頼が来ない状態のとき、メディアは他社へ取材に行っています。自分たちが手をこまねいている間に、競合他社に後れをとってしまっているのです。注意しなければいけません。

自社が業界の情報をメディアに「教える」というポジションを確保することができたならば、競合他社に対して非常に有利な立場を得られることは明白です。

自分たちにとって都合のよい理解のフレームワークや評価基準をメディアに伝える〝ロビーイング活動〟によって、社会からのポジティブな評価をつくりだすことができるのです。

●企業のポジションは規模だけで決まらない

一般的なポジショニング理論では、業界内での企業の地位を次のように分類しています。そして、そのポジションによって行う戦略も異なってくると説きます。

①リーダー：市場の第1位。総合戦、マス広告
②チャレンジャー：市場の第2位。1位との差別化戦略や差別化広告
③フォロワー：市場の3〜5位。リーダーの模倣、あるいは徹底した差別化戦略
④ニッチャー：それ以下の順位。ニッチ（隙間）ねらい、超差別化戦略

メディアの立場を考えれば、業界1位のリーダー企業に話を聞きたいと思うのは当然です。しかし、誰もがリーダー企業になれるわけではありません。むしろ、業界の大多数の企業はいわゆる中堅・中小企業であり、リーダー企業を目指せる規模にもないのです。

そのため、大企業とは差別化した戦略が必要になります。

企業規模とは違った軸で、社会からの評価をつくろうとするのが、分析広報の目指すアプローチです。

露出に頼った広告型PRも一時的な効果はあるかもしれませんが、その土俵で勝負しても規模の大きなリーダー企業にはかないません。

社会的な評価や存在感のつくり方は、広告型PR以外にもさまざまな方法があります。それらを駆使することで、リーダー企業以上に注目され、業界全体についての発信ができるポジションを得ている企業も少なからずあるのです。

社会からの評価が得られるポジショニングのために、パブリックとのコミュニケーション、競争に勝つためのコミュニケーションを実践することが必要になるのです。

日本ではまだその重要性に気付く経営者は多くありません。だとすれば、競合他社に先んじて実践した企業は、非常に有利になれる環境だといえるのではないでしょうか。

●「業界」をつくって、社会の潮流に乗ったＲＩＺＡＰ

企業広報が成功して自社の事業に好影響を与えるのは、どんなときでしょうか？

それは、世間の人々が注目する社会の新たな潮流の真ん中に、自社のポジションをつくることができたときです。

近年、社会的にブームを起こし、業績も大きく成長させたＲＩＺＡＰグループ。その中核企業であるＲＩＺＡＰは、健康食品やダイエット食品などを主に扱う企業ですが、近年は短期集中ダイエットやトレーニングジムの事業で一気に知名度をアップさせました。

一見、大規模な広告投入によって、露出を増やしたことによる成果だと思われるかもしれません。もちろん、露出の効果も確かにあったでしょう。

しかし、ダイエットや筋力トレーニングを行うサービスは、これまでもたくさんの企業が参入してきましたし、目新しい分野ではありません。

ＲＩＺＡＰが新しかったのは、パーソナルトレーナーが徹底的にサポートするという「新しい価値」を前面に打ちだしたことです。

「結果にコミットする」

この印象的なキャッチコピーは見事でした。

ダイエットを決意する人は多くても、目標達成までやり切れる人は非常に少ないのです。みなさんも心当たりがあるかもしれません……。

ＲＩＺＡＰは、ただ単に目立った露出をするだけでなく（確かに目立ってはいましたが）、「パーソナルトレーナーが徹底的に結果にコミットする」という新しい価値を加えて社会とコミュニケーションをとりました。その結果、メディアを巻き込んで新しい潮流をつくりだしたのではないでしょうか。

現在ではダイエットのみならず多くの業界で、「パーソナルトレーナーが目標達成までサポートする」という形式のサービスが広がっています。ＲＩＺＡＰはその先駆者というポジショニングに成功したのです。

広報は、ただ目立つだけではなく、自社や自社のサービス・商品を、競争に有利なポジションとして認識させていく活動です。

そして、本当に売上を伸ばすことに役立つのは、世の中の人が注目する社会の新潮流のなかに、自社のポジションをつくる広報です。新潮流の真ん中に自社がポジションをとることができれば、自然と他社よりも売上がアップしていくでしょう。これはBtoCビジネスに限らず、BtoBビジネスにおいても同様です。

社会潮流の真ん中に位置するのは、業界内のトップ企業であるとは限りません。社会の流れにしっかりとアンテナを張って、外部とのコミュニケーションとのなかでポジションをつくっていけば、どんな規模の企業でも可能なのです。

●知名度が上がれば評価が上がるわけではない

私のところには、上場企業をはじめ数多くの経営者の方がご相談に来られます。そのなかでも、このようなリクエストが多いのです。

「自社の独自の世界観や考え方を世の中に広く知らしめてほしい」

気持ちはよくわかるのですが、残念ながら、こうした要望をする経営者は「広告と広報の違い」を理解していません。

なぜかというと、自分の代わりにメディアを使って自社の世界観を伝えてもらおうというのは、まさに「露出ありき」の広告型PRの典型的なパターンだからです。

企業にはさまざまな成長のステージがあります。

起業してから、ある程度の規模に成長し、事業を安定させるまでの時期であれば、自社の商品やサービスの知名度を高めることに注力することも必要です。

世の中に「知られる」ということが、反響となって売上にダイレクトで反映される段階です。「悪名は無名に勝る」という言葉もありますが、仮にネガティブな内容であっても、知られないよりはマシという考えの経営者もいらっしゃいます。

私も露出による広告型PRの効果は否定するものではありません。しかし、露出にこだわる経営者には、二つの問題があります。

一つ目の問題は、「露出すれば外部からの評価がつくられる」と考えていることです。よく誤解されているのですが、知名度と評価は全く別のものです。

知名度は評価の一部分にはなり得るかもしれません。しかし、名前を知られていることと、外部からポジティブな評価を得ることは別問題です。

広告は、自社でお金を払ってメディアの枠を購入し、コマーシャルを流すことです。つまり自分で自分自身のことを「よいです！」とアピールするわけですから、必ずしも他人がよいと思ってくれるかどうかはわかりません。むしろ露出をやりすぎると、世間から敬遠されることもあります。

自分で自分のことをアピールするという発想の先には、真に長期的な外部評価の構築は難しいのです。

第三者に、どうやって自分たちのよさを認識させるか。そのためにはメディアの側から「この会社のことを伝えたい」と思わせるしかありません。

それこそ、単なる広告の範疇を超えた、企業広報が取り組むべき領域なのです。

二つ目の問題は、「自分たちの世界観を伝えれば、世間から評価される」と考えていることです。

自分たちの世界観を伝えることは、企業文化を知ってもらうために重要な取り組みであることは確かです。

しかしその際に忘れてはならないことがあります。

「業界という世界の外に、社会がある」

この認識が欠落している経営者が少なくありません。

自分たちの業界内でのポジション、あるいは自社のこれまでの歴史にだけ目がいってしまい、もっと広い社会があることを忘れてしまうのです。

先に挙げた、企業分析の三つの視点からいうと、「タテ（業界）」と「奥行き（時間の経過）」だけしか見えておらず、「ヨコ（社会）」の視点がない状態なのです。

外部からの評価をつくる活動において重要なのは、何よりも「社会性」という観点です。社会性、つまり社会一般に広く通じる性質という観点は、メディアがもっとも重視する指標でもあるからです。

社会性は、その時々で変化します。国際情勢や国内政治、景気、イベント、流行りモノなど、さまざまな分野の動向によって、何が社会に広く通じるかは変わっていくのです。

こうした社会の動向を常に把握し、企業広報を行うことが、特に上場後の事業ステージでは必要になってくるのです。

「これがわが社の世界観です！」と、いくら声高にアピールしたところで、そのときの社会に広く受け入れられるかどうかはわかりません。自社の世界観と社会の動向をすり合わせ、最適な形で評価してもらう。そのためにはパブリック（公）とのコミュニケーションが不可欠なのです。

自分たちの世界観を伝えるだけでは、外からの評価は得られません。まずは経営者が「業界の外に社会がある」ことを強く意識することが大切なのです。

●利益は顧客がつくる、評価は社会がつくる

「社会からの評価とか、きれいごとをいっても、それが利益につながるのか？」

経営者であれば、こうした疑問を抱いたとしても無理はありません。真面目に顧客と向き合って、商売をやってきた経営者だといえるでしょう。

経営者の方なら決算のたびに、PL（Profit and Loss Statement 損益計算書）とBS（Balance Sheet 貸借対照表）を嫌というほど目にしてきたかと思います。

冒頭のような発言をする経営者を、私は「PL思考」だと感じ、少し残念な思いがします。

PLとは、会社の一定期間の営業成績を示す財務諸表であり、売上や利益が記されています。顧客がどれだけの量をいくらで買ってくれたのか。そのためにかかった原価や費用はいくらなのか、などの結果を記します。

つまり、PL思考は、「利益は顧客がつくる」ことに重きをおく思考です。

一方でBSとは、ある期間ごとの収益の積み重ねの結果としての財務状況を表したものです。BSの貸方である「資本（純資産）」の部には株主資本という項目があります。資本金や資本剰余金など株主が出資したお金や、利益剰余金といって会社ができてから決算までに稼いできた利益を表しています。

現時点の収益（＝PL）だけでは説明がつかない、高い株価の企業もありますが、それは、BSに記された収益の積み重ねによって、社会からの評価が高くなっているとも考えられるでしょう。

BS思考とは「評価は社会がつくる」ことに重きをおいています。経営者は社会のなかで自分の会社や展開する事業をどういう存在にしていくか、どんな評価をつくるかというBS思考を持つべきだと私は考えています。


利益をくれる人と、評価をくれる人は別です。

利益をくれるのはいうまでもなく顧客の存在です。自社の商品やサービスをずっと購入してくれる、ひいきのお客様でありお得意先がいてこそ、企業は継続的な利益を得ることができます。

一方、評価をくれるのは社会であり、やや突き放したいい方をすれば「他人」がくれるものです。ときには顧客が社会のなかに含まれる場合もありますが、多くの場合は別物です。

経営者は「利益」と「評価」を立て分けて考えなければいけません。

真面目な経営者ほど、「顧客の満足度を上げよう！」として、目の前のお客様へのサービス向上に注力します。もちろんそれは悪い話ではありませんが、社会的な評価を得ることとは別の課題です。

むしろ、既存顧客の満足度ばかりに目を向けるがあまり、社会からは敬遠されてしまう、といった落とし穴もあります。

企業でも同様で、短期的には既存顧客の満足度だけを見て、その向上に注力したほうが利益につながるかもしれません。

しかしそれだけでは、いずれ先細りしてしまいます。より広い社会からの評価がなければ、新しい顧客を見つけることもできないからです。また、仮に自社が業界のトップに位置していたとしても、その業界自体が社会のなかで存在感を失っていけば、利益も尻すぼみになってしまうでしょう。

自社や業界に対する社会からの評価を軽視しては、長期的には利益も得られなくなってしまうのです。

利益は顧客がつくります。

そして、評価は社会がつくります。

この二つは別物でありますが、大きな視野で見れば顧客も社会の一員です。

自社がいまいる場所から次のステージへとステップアップするためには、既存顧客を見るだけではなく、社会的な評価の獲得を考えていくことが経営者の責務といえるでしょう。

そのために必要なのが「分析広報」の手法なのです。

第2章

成長に欠かせない「広報」への意識改革

● 中堅・中小企業こそ分析広報を活用すべき

本書で提唱する「分析広報」という考え方は、あらゆる業界や業種の企業にとって有効だと思っています。

ただ、そのなかでも特に活用してほしいのは、中堅・中小企業の皆様です。

一般的には、企業は次のように分類されます。

・大企業：資本金10億円以上
・中堅企業：資本金1億円以上10億円未満
・中小企業：資本金1000万円以上1億円未満
・零細企業：資本金1000万円未満

なぜ私が、中堅・中小企業こそ広報が大切だと考えるかというと、

「中堅・中小企業は、現状のままでは業界のトップに立てない」

という身もふたもない現実があるからです。

資本金や従業員数などといった、企業の規模という土俵で勝負している限り、中堅・中小企業は大企業に勝つことはできません。業界のリーダー企業は大企業であることがほとんどです。

そのため、業界内での序列が相対的に下に位置してしまう中堅・中小企業は、自社なりの大事なポジションというものを、外部に意識させる必要があるのです。

中堅・中小企業が自社の存在感を出したい場合、奥行き（時間の経過）というものを意識すべきです。

法人の平均寿命は、約30年だという説は有名です。東京商工リサーチが公表したデータによると、2022年に倒産した企業の平均寿命は、23・3年となっています。

国がベンチャー育成を積極化しようとしているという報道もあり、あたかも歴史が長い企業は、それだけで未来があまりないように思えてしまうかもしれません。

しかし「平均寿命が30年」ということは、実際にはそれだけの時間を耐えられなかった新興企業が多数、倒産しているということでもあります。ですから、社歴のある中堅・中小企業は、それだけの時間を耐えてきたという事実そのものが、価値になるのです。

歴史の浅いベンチャー企業は、失うものは何もありませんので、いろいろと「攻め」の展開をします。そのなかで、広報ＰＲも積極的に行いますので、一見、派手な動きをしているように見えます。

社歴のある中堅・中小企業ほど、歩んできた歴史という奥行き（時間の経過）や、これまで培ってきたノウハウが武器にできるはずなのですが、実際にそれをやっている会社は多くありません。多くの中堅・中小企業を継続的にウォッチしてきて、劇的に変わる企業にも遭遇してきた経験から、非常にもったいないと感じます。

もちろん、企業規模の大小にかかわらず、自社の社会的な評価を高めることは可能です。そのために経営者は広報を有効活用する意識を持つよう心がけましょう。

では、どういったことに着目して広報を活用するといいのでしょうか。

●自社を社会のなかに「タグ付け」する

中堅・中小企業は、ただ単純に自社の商品やサービスを露出させようとしたところで、業界の序列が上位の大企業に太刀打ちできません。同じような商品やサービスであれば、よほどの理由がない限り、消費者は知名度の高い大手企業のほうを選択するからです。

そこで戦略を変える必要があります。

自社のことを単独で露出させようとするのではなく、所属する業界のことを、社会の流れのなかに位置づけながら語っていくのです。

社会という大状況の話をするなかで、自身の業界の面白さをアピールして「タグ付け」していく。その文脈で「世の中の流れに乗った取り組みをしている面白い会社」というポジショニングをしていくというイメージです。

わかりやすい例でいえば近年、SDGs（持続可能な開発目標）は国や自治体、あるいは教育機関でも取り組みが盛んで、世間のトレンドとして定着しています。

こうした動きが出てきたときに、業界として、自社としてどういう取り組みをしているのかをタグ付けしてアピールするのです。

SDGsというトレンドに対して、飲料メーカーが自社をタグ付けするとすれば、次のようなイメージになるでしょうか。

①社会では、いまSDGsがトレンドになっている。
②飲料業界では、廃棄される容器や、飲料をつくった際に出る廃棄物が課題。
③自社では、廃棄される容器とコーヒーのかすで衣服を製作することにした。
（大企業のネスレ日本が実際にこのような取り組みをしています）

一番大きな「①社会」から語り始め、真ん中の「②業界」の現状を分析し、そして最後に「③自社」の取り組みをその文脈で紹介するのです。

中堅・中小企業が冒頭からいきなり「私たちの会社の商品やサービスはこんなにすごいんです！」と話し始めても、世間はなかなか注目してくれませんので、もう一工夫が必要なのです。

しかし多くの会社のプレスリリースなどを見ていると、いきなり「私たちは〜」と、主語を自分にしている文章が多いのです。そうではなく、「世の中は〜」と最初に伝え、そこからタグ付けして業界と自社へと話を展開していく。

あるいは、同業他社の動きを何社かまとめて伝えてもいいでしょう。「私たちの業界では、こんな動きが起きています」と、業界のトレンドを自分たちで発信すれば、自社単独よりもメディアに取り上げてもらう確率は上がります。

こうした伝え方をすることで、必ずしも業界のリーダー企業でなくても、「時流に即した、面白い取り組みをしている会社があるんだな」と世の中に受け止めてもらえるのです。

中堅・中小企業は、業界内における自社のポジションを自覚して、それに応じた伝え方を工夫しなければ、単独で露出しようとしても世間から見向きもされないということを覚えておかなければいけません。

自社をメディアが取り上げないということは、そこにニュースとしての価値がないという、メディア側の本音の評価があるのです。

「どういうニュースなら発信したくなるのか」「どんなネタがほしいのか」というメディア側の事情を考慮したうえで、日々のコミュニケーションのなかで相手の本音がどうなのかを検証しましょう。

広報として目指すべきは、自社の情報を発信してニュースにしてもらうことが理想であることは間違いありません。ですが、自社を取り巻く「業界」「社会」というフレームを、メディアに認識させられれば、そこが自社の評価をつくるアクションのスタート地点となるはずです。

●自社ポジションを知らずして過剰な露出はＮＧ

世の中の流れを無視して、自社をただ露出させただけでは、長期的に見て自社の利益につながりません。

それどころか、競合他社の集客に力を貸す結果になることも多いのです。

かつて私が事業会社の社長室に勤務し、広報やＩＲなどにも携わっていたとき、こんな話を聞きました。

インターネットで商品を宅配するサービスが一般に浸透し始めた時期のことです。関連したある分野で、業界トップのＡ社と、新規参入してきた後発のＢ社がいました。Ｂ社は自社のネット宅配サービスの知名度と顧客を拡大すべく、テレビＣＭを大量に流したのです。

「家にいてもネットで注文して商品が受け取れます！」

Ｂ社のＣＭではこのように連呼し、自社のブランド名もアピールしていました。

ところが、Ｂ社がＣＭを打てば打つほど、何もしていなかったＡ社のサービスに登録する人が増えたのです。結果、何も宣伝広告をしていなかったＡ社が、過去最高水準の新規ユーザーを獲得しました。

Ｂ社のＣＭを見た消費者が、「ネットでそんなことできるんだ、便利そうだな」と思って検索してみると、業界トップのＡ社の存在を知り、そのままＡ社のサービスに申し込んでしまった、という流れだったと予想されます。

私はその話を、当のＡ社の事業部長から聞き、非常に考えさせられました。

このケースから学べる教訓は何でしょうか？

それは、自社の評価が定かでない状態で露出だけを増やしても、すでにポジションを確立している競合他社の集客に力を貸してしまう結果になるということです。

企業広報においてもっとも重要なのは、第三者からの評価をつくりだすことです。その視点がないままに、世の中の流れや業界内でのポジションなどを無視して露出展開だけしても、効果が少ないどころか逆効果になることもあるのです。


広告宣伝でたくさん露出をしても、競争に負けてしまうこともある。つまり、「目立つ」だけの広告には意味がありません。

ただ単に目立つだけでは、同じ業界の大企業が同様の商品やサービスを持っていた場合、そちらにお客様が流れてしまうこともあるのです。

消費者は業界の序列を意識して購買行動をするわけではありませんが、何もしないで普通にしていれば大企業の商品やサービスを目にする機会が多くなりますので、自然とそちらに流れてしまうのです。

業界の序列という「タテの序列」から、評価の基準を変えて、自社が選ばれる評価をつくりだすことです。そのためには、「その評価基準がよいとする尺度を、どうしたら消費者に持ってもらえるのか？」という問題意識が必要です。

消費者に受け入れられるような社会的価値基準を設定することに取り組み、相対的に「選ばれるポジション」をつくることができれば、競合他社が露出を増やしたり、業界が話題になったタイミングでも、お客様は自社に自然と流れてくるのです。

「どれだけ人の目に触れたか」だけを指標にするのはやめましょう。

広報は、パブリックとのリレーションによって、自社に有利なポジショニングをつくっていく活動なのです。

●企業価値は、社会から「どう見られるか」で決まる

企業は、社会から何らかの価値を認められていなければ、選ばれるポジションにつくことはできません。

企業の価値を何で測るかは、株価の評価や時価総額など、さまざまな尺度があります。

・いくら稼ぐのか？
・どれくらいの資産を持っているのか？
・いくら配当をくれるのか？

こういったファイナンス（金融）的な観点からのセオリーに照らし合わせたうえで、現在の自社の株価はどうでしょうか？　どのような基準や尺度から、現在の株価が「適正価格」とみなされているのでしょうか？

会社を成長させて、一つ上の段階へとステップアップするためには、現在の評価を覆して、変えていかなければいけません。上場している企業なら、自社が見られている評価の尺度を変えさせる。それに伴って株価も上昇させていきたいことでしょう。

投資家やメディアを含めた、社会からの見られ方をどう変えるか？

そのために何をしたらよいのか？

本業の業績を上げていくことはもちろんですが、それと同様に、社会からの自社の見え方を変えていくことが必要です。

中堅・中小企業でありがちなのですが、真面目な仕事ぶりが認められたサラリーマン社長には、「真面目にいい仕事をして結果を出せば、社会からの評価もついてくる」という成功体験を持っていることがあります。その信念が強すぎるあまり、広報的なアプローチを軽視してしまうことがあります。

そのような経営者は、一見すると広報にもお金をかけて力を入れているように見えても、「現在の売上や利益をつくるための必要経費」としてしか認識できていないのです。「利益は顧客がつくる」ことばかりに目が行く、「PL思考」の表れでもあるのです。

もちろん、経営者であれば利益を無視するわけにはいきません。しかし、企業が社会的な評価を得て、存在感あるポジションを占めることで、長い目で見ると利益につながっていくという視点も必要です。まず社会からの評価をつくり、それを活用して利益につなげていく。それが「評価は社会がつくる」ことを重視する「BS思考」です。

現在は、SNSをはじめとして情報過多の時代です。効果的な広報戦略を展開しなければ、本業でどれほどいい仕事をしていたとしても、世の中で評価されないどころか、同業他社との競争に敗れて埋没してしまいます。

また、世間からの評価は主にメディアからの取り上げられ方に大きく左右されますが、投資家の心理もそれに引っ張られます。本業の顧客とは別である世間の人たちが、その企業を「評価」することで、本業の顧客にも影響を与えるのです。

「未来が期待できる会社」だとメディアから評価されれば、投資家の期待も膨らみ、その期待は株価にも反映されていくことでしょう。

会社のありようをどのように認識させるかが、企業価値にも反映します。つまり、世間からの評価は、企業の存在価値に直結するのです。

●新しい評価によって、新しい「業界」も生まれる

社会からの新しい評価を得ると、そのことで新しい「業界」が生まれることもあります。

先述したRIZAPはそのよい例でしょう。

それまでも存在した「ダイエット」や「トレーニングジム」という業界に、RIZAPが新しく打ちだした「パーソナルトレーナーが結果にコミットする」という価値を加えました。

その後、RIZAP以外にもパーソナルトレーナーの存在を前面に出すトレーニングジムが増えてきました。

それだけで新しい「業界」が生まれたとするのは、少々オーバーかもしれません。

しかし、それまで存在しなかった評価の枠組みが世間に生まれ、そこに新規参入が増えていけば、将来には「業界」として確立する可能性も十分あるでしょう。

ここでいいたいのは、「経営者は自分たちが属する業界だけの視点にとどまっていてはいけない」ということです。

多くの経営者の話を聞いてきて、自分たちが属する業界での序列や競争に関しては、能弁に語ります。

そこでビジネスをやっているので当然といえば当然です。

しかし、そのビジネスが行われている分野が、そもそも世間から「業界」として認識されているかが怪しいくらい、存在感が無いこともあるのです。

自社が世間に知られていなかったならば、会社の規模が小さくてやむを得ない場合もあります。

しかし、自社だけでなくライバル企業も世間から知られていないようであれば、そのビジネス自体が世間から認知されていないのです。つまり世間から見れば、その業界の存在感はほとんどありません。そんな業界内の序列にこだわっていたとしても、将来の成長は期待できないでしょう。

それでも、ＲＩＺＡＰのように、それまで存在しなかった評価の尺度を世間に訴えることで、新たな「業界」そのものをつくるチャンスもあるのです。

既存のビジネスの顧客や競合ばかりに気を取られると、業界内ばかりにアンテナを張ってしまいがちですが、業界の外では新しい潮流が生まれているものです。

単なるニッチなビジネスに留めず、社会の潮流のなかで自社のビジネスを捉え直すことで、新しい業界としての社会における存在感を出すことが可能になるのです。

●広報は会社の「目」「耳」「口」である

経営者が知っておくべき「広報のよい使い方」とは、大きく分けて次の三点になります。

①広報で自社の現状を把握する。
②自社を魅力あるポジションにおく。
③外部を巻き込んで味方をつくる。

これらを具体的に進めていく手法については第3章以降で述べていきますが、ここでは軽く①についてだけ述べておきます。まずは経営者のマインドセットとして「広報は、広告宣伝を打つだけではない」ということは、どれだけ強調しても足りないくらいです。

広報を、単なる宣伝活動だと思っている経営者はたくさんいます。しかし、自社の現状を把握するために広報を活用できている会社はまだまだ少ないのです。

社会、ひいては顧客に「選ばれる」ポジションをとるためには、まず自社の現状を正確

けません。

「外部の人が自社に対してどう思っているのか」という、社会の本音を把握しなければいけません。

しかし、私は多くの会社の経営者たちと接していますが、広報の現場で受けるマスコミからの反応を細かく把握しようとしたり、ＩＲ発表の際の投資家からの反応を大事に受け止めようとしている話は、残念ながら滅多に聞いたことがありません。

社内の評価基準として、記事を書かせた件数や広告換算値をＫＰＩ（重要業績評価指標）として定めている会社は、まだ意識が高いほうといえます。

それも大事ですが、まずは外部の知見にいかに接して、どれだけの意見を得られたかということを、広報担当者の重要な職務だと設定すべきなのです。

会社のかじ取りをする「頭」は、もちろん経営者である社長の役割です。

その判断をするための情報を集めてくる、「目」であり「耳」であるのが、広報の大切な役割です。

集めた情報をもとに、自社の価値を外部に発信する「口」も広報の大切な役割です。

「広報は担当部署に任せている」

こういう考えの経営者がいれば、すぐにでも意識を変えなければいけません。自分の

「目」「耳」「口」である広報が、「頭」である経営者の意図とズレた活動をしていては、自社の価値を社会に認識させることは不可能だからです。

その意味では、社長自らが「口」となって情報発信を担うことも、広報活動においては非常に重要な力を持ちます。

● 決算説明会では社長自身の言葉で説明せよ

社長自らが広報を担う存在である例として、主に決算説明会での社長の振る舞いについて印象に残っているエピソードをいくつかご紹介します。

外部とのコミュニケーションにおける社長の振る舞いという点で、以前、ある外食企業の決算説明会に参加したときのことが思いだされます。

今期は業績が絶好調で、説明会の会場も社長の話を聞きに来た200人近い参加者で満員でした。それどころか、その会社の新入社員と思しき一団が、会場後方の補助イスに座っていたのです。

自分たちの会社がこれだけ勢いがあって上り調子だということを、新入社員たちにも体感させたかったのでしょう。

まさに絶頂期を迎えている企業のリーダーとして、社長は堂々とプレゼンをしていました。

しかしその会社は十数年前に、社員の起こしたあるトラブルからブランドイメージが悪化し、経営危機に陥ったことがあったのです。

なんとか資金繰りがついた直後の決算説明会では、まさにいま意気揚々と話しているその社長が、涙ながらに「銀行さんのおかげで助かった」と述べていました。

「当時のことを知っている人が、この部屋に何人いるのだろうか……」

私はしばしの間、そんな感慨にふけってしまったのです。

企業の栄枯盛衰の厳しさを思い、そして未来予想がどれほど難しいのかを改めて実感した瞬間でもありました。

その外食企業は、業界内の序列としては決してリーダー企業（業界1位）でも、チャレンジャー企業（業界2位）でもありません。いわば「その他大勢」といったポジションです。

しかし、最悪の経営状態のときも、それを乗り越えて絶好調のときも、決算説明会には常に社長が表に出て説明をしてきました。

私のようにその会社を見続けている人間からすると、企業の歴史を社長の表情や言動とともに記憶しています。

「あの苦しかった時期、涙の決算説明会を乗り越えて、いまの姿がある」

そう考えると、将来への期待もさらに膨らんでいくというものです。

決算説明会を広報やIR担当者に任せて、自分で説明しない社長もなかにはいます。しかし、外部に味方をつくるという観点からすれば、それは大きなチャンスを逃しているといわざるを得ません。

社長はまさに会社の「顔」です。業績のよい悪いにかかわらず、社長自身の言葉で説明し続けるからこそ、その会社に外部からの期待を集めることができるのです。

広報とは「パブリック・リレーション」、つまり「公共との関係」をどうつくるかです。社長こそが広報の最重要人物であるという意識で、外部とのコミュニケーションに臨んでほしいものです。

●赤字でも社長が逃げなかった企業は黒字転換する

赤字になった企業が、決算説明会を開催しなくなることはよくあります。

開催したとしても、業績がよかったときと比べると参加者が激減することも多いので、開催しなくなる企業側の気持ちもよくわかります。

赤字の時期に開催する決算説明会では、参加したアナリストや投資家から厳しい質問を受けますので、経営者にとっては屈辱的な時間にもなるでしょう。

私は赤字企業の決算説明会にも何度も参加してきましたが、そこで気付いたことがあります。

それは、赤字のときでも決算説明会を開催して、社長が自ら登壇した会社は、ほぼすべてが黒字転換を果たしたということです。

ここでは2社の例をご紹介しましょう。

中小企業向けに省エネ関連製品の販売やDX推進などのソリューションサービスを提供するレカムという会社があります。

レカムは従来のビジネスモデルが通用しなくなり、事業転換が思うように進展せず赤字で苦しんでいた時期がありましたが、伊藤秀博社長は必ず決算説明会を開催し、自ら登壇し続けていました。

赤字の状況でわずかになってしまった参加者に対して、伊藤社長は常に状況を隠すことなく真摯に語っていました。そうやって赤字に対して真摯に向き合うことで、打破すべき現実を直視し、解決するための事業変革の進捗を確認していたのでしょう。

そのような苦しい時期を経て、現在は当時からは大きく収益構造を変革させ、収益の過半を海外で稼ぎだすグループ展開を実現し、黒字転換させているのです。

ウェブメディアやキャッシュレス関連事業を手掛けるデジタルプラスの菊池誠晃社長も同様に、赤字の時期も決算説明会を開催していました。

デジタルプラスは上場後にビジネスモデルが崩壊し、長い赤字に喘いでいました。一時は300人近くいた従業員を30人まで減らすリストラを実行するなど、苦しい時期もありました。そんなときに決算説明会を開き、社長が矢面に立つのは、屈辱的だったと想像できます。

しかし、厳しい現実から逃げずに向かい合ったことが奏功したのでしょう。現在はギフトサービス事業を中核とする形に生まれ変わって黒字転換も果たし、新しい成長戦略に挑んでいるのです。

黒字転換してから、この2人の経営者に話を聞く機会がありました。

2人とも、決算説明会で赤字の要因を不躾に質問してくる私に対して、当初は愉快な印象を持っていなかったようです（笑）。

しかし、外部の目線を把握する機会として現実に向き合い、黒字という企業のあるべき姿と現状とのギャップを確認していたと振り返っておられました。

いまの現実と、将来に目指すべき姿。

社長になるほどの人間ならば、この二つを明確に把握できたら、自ずとそのギャップを埋めて黒字化する方策は見つけだすものなのでしょう。

広報やＩＲの機会は、厳しいときに、世間から見た自社の姿を知るよい機会になります。この機会を逃さない姿勢は、適切な修正方法への気付きをもたらしてくれるのです。

●数字だけで未来を語るな

決算説明会では、中期や長期の事業計画を発表し、その説明を行う企業が増えています。多くの場合、その事業計画は経営者本人が説明していますが、決算実績も含めて事業の説明では、数字を用いた説明が求められます。

必然的に質疑応答の際にも、数字に関する質問が多くなります。特に投資家からは、企業価値を測って投資するかどうかの判断をするために、「どう利益が出ているのか」という収益構造の説明を数字で求められます。

こうしたニーズに応えることは、企業の外部とのコミュニケーションでは必要不可欠です。１９９０年代にＩＲが注目され始めた頃は、「数字を用いた説明が不十分だな」と感じる企業も多かったですが、現在はそのような印象を受けることはほとんどなくなりました。

ところが人間とは不思議なもので、数字での説明が十分になされるようになると、「それだけでは物足りない」と感じてしまうのです。

企業とのコミュニケーションにおいて、投資家や銀行、そしてメディアは、それぞれ経営者とは異なる視点から事業を見ています。それぞれの立場なりに、企業の事業を理解し、納得したいと考えて決算説明会を聞きに来るのです。

それでは経営者が何を語れば、納得してもらえるのでしょうか？

「わが社は今後、こうやって儲けていく」
「儲けられる理由は、世の中の流れと合致しているからだ」
「わが社の取り組みは、今後、社会にこのような価値を生む」

こういった「商売のキモ」と、将来に向けての期待を膨らませるようなビジョンこそ、経営者には語ってもらいたいのです。

数字を使ってきちんと説明すればするほど、聞いている側からすると、理屈ばかり説明されたような印象を受けるというジレンマが生じてしまいます。

「商売のキモ」とは、その商売をやっている当事者にしか真の理解はできません。それでも、メディアの記者やアナリスト、投資家といった人々は、「わからないなりに納得したい」という気持ちを持って決算説明会を聞きに来るのです。

その気持ちや期待に対して、経営者としてどう応えていくのか。それは、結果として出てくる数字を並べて正確に説明するだけでは足りません。外部を味方にするために、コミュニケーションの満足度をどうやってつくっていくのかは、広報の重要な課題であり、経営者の責務なのです。

●オンラインではなくリアルの場で語る意味

コロナ禍では、Ｚｏｏｍなどを用いたオンライン形式での決算説明会が主流になりました。なかにはコロナ禍を言い訳にして、決算説明会そのものをオンラインも含めて開催しない企業も出てきました。

２０２３年5月に、日本政府は新型コロナの感染症法上の扱いを、インフルエンザなどと同様の「5類」に移行しました。このことを受け、リアル会場での決算説明会も少しは戻ってくるかもしれませんが、いったんオンライン形式での開催に慣れてしまった企業は、引き続きオンラインで行うところも多いでしょう。

リサーチする立場からしても、オンライン開催の決算説明会は便利な側面はあります。会場まで移動しなくても自宅や事務所にいながらにして、１日に何件もの説明会に参加できるので時間も効率よく使えるからです。

一方で、オンライン形式で決算説明会を開催することのデメリットも意識しておかなければいけません。

コロナ禍で多くのオンライン決算説明会に参加してきて実感するのは、画面上で顔を見せて話したとしても、「言葉以外の情報」を伝える力が乏しいということです。

トップ自らが、会場に体を運び、自ら語る。

プレゼンの際の呼吸、息づかい、熱量、声の張り、視線の強さ、ボディランゲージ等々、人間は誰かの話を聞く際に、言葉以外にもたくさんの情報を五感で受け取っているのです。

これを「ノンバーバル（非言語）コミュニケーション」と呼びます。ノンバーバルコミュニケーションとの相乗効果で、言葉による情報が相手により強く伝わっていくのです。

特に、企業が業績回復をするなど、これからよくなっていくという期待を持たせたいときには、決算説明会をオンライン開催するのはもったいないのです。ぜひともリアルな場で開催して、トップ自らが全身全霊で未来へのビジョンを語るようにしましょう。

その事業に本当にポテンシャルを見出しているのか。実のところはリスクだらけだと思っているんじゃないのか。聞き手の疑問に対して、どんなコトバを話すかよりも、語った後の息づかいのほうが、よっぽど聞き手の疑問に答えていることは少なくありません。

「息」という文字は、「自分の心」と書きます。話終えたときの息づかいのほうが、「本物なんだ」と思わせる力を持っていたりするものです。

「これから本当によくなっていくんだ」という期待を伝えたいのであれば、トップが自らの体を会場の舞台において、オーディエンスのアナリストやメディアの記者に直接語りかけるべきなのです。

● 好調時だけ出てくる社長には説得力がない

上場以来、ずっと決算説明会に参加している、ある企業のエピソードです。

その企業は、上場前後は業績が非常に好調で、将来の展開が注目されていました。決算説明会のたびに、創業社長は自信満々に「自分たちはこれまでにないビジネスのやり方をしているのだ」と語っていました。

しかし、上場後しばらくすると業績が悪化していきます。業績の悪化とともに、決算説明会での創業社長の勢いもトーンダウンし、ついに説明会に登場しなくなってしまったのです。

そんな日々を経て、先日の決算説明会では久しぶりに創業社長が登場しました。会社の業績が回復基調にあったからだと思われます。

創業社長は、上場直後の頃を思わせる元気さで、これまで仕込んでいたという新展開について自信満々に話をしていました。カッコよさやスタイルを大事にする社風もあるので、「この会社らしいな」と、半ば呆れながら話を聞いていました。

説明会が終わり、一緒に出ていたアナリストや記者と話してみると、案の定、評判はすこぶる悪かったのです。

その会社の新しい事業展開が、実際にどのような成果を出すかは、今後の業績を通して検証されることでしょう。

しかし、悪い時期は決算説明会にも姿を表さず、業績回復の見込みが出たタイミングでようやく出てきて話をしても、説得力はないのです。

経営者の立場にしてみれば、業績が悪いときにわざわざ決算説明会の場に出向き、苦しい状況を自分の口で説明することはやりたくないと思うのは無理もありません。

それに、説明会に参加した記者やアナリストたちから、傷口に塩を塗られるような厳しい質問を浴びせられることも目に見えています。誰だってそんなつらい目には遭いたくないでしょう。

実際、例として挙げた会社だけではなく、業績が悪いときに決算説明会で登壇をやめてしまう経営者は少なくないのです。

●経営者の逃げない姿勢が苦しい現実を乗り越えさせる

近年は、市場や社会が企業のSDGs（持続可能な開発目標）への取り組みに注目しています。

SDGsの「S（サステナブル）」は、「持続可能性」と訳されます。それは、企業の事業が持続可能かどうか、あるいは周囲の環境に対する持続可能性といった観点で捉えられることが多いのですが、私はそこに社長としてのコミュニケーションの継続性も含めて考えるべきだと思っています。

ＩＲや決算説明会、その他の機会を使って、経営者が社会とコミュニケーションをとり続けること。それが企業経営におけるサステナビリティの重要な項目だと、肝に銘じなければいけません。

経営者は、ＩＰＯ（新規株式公開）直後や何らかの新しい展開をしたときくらいしか、市場（投資家）や社会（メディア）から注目されないように思っている方もいます。

しかし、業績が上がらず苦しんでいる時期に、どんな姿を見せたのか。あるいは、姿を見せなかったのかは、経営者自らが思うよりもずっと、市場や社会から見られているのです。

広報のポジションにいる社員は、そうした社会からの視線を意識して、場合によってはトップに進言し、決算説明会など公の場に出るよう促すことも大切な役割なのです。

実際、私がさまざまな業界をリサーチしてきた経験上、確信していることが一つあります。

「業績が悪くなったときでも、決算説明会に社長が自ら出てきて語ることを止めなかった会社は、必ずどこかで復活する」

もちろん、業績が悪くなった理由があるはずですから、経営面で何らかの修正をせざるを得ないのは間違いありません。変化せずに同じことをしていては復活などできないでしょう。

しかし、変化を試み、それでも結果が伴わないときでも、苦しい状況を自ら説明する。それをやり遂げた社長は、最後には業績を回復させているのです。

業績として出てくる数字とは別に、その会社のトップがどういう姿勢を示したかを、メディアやアナリスト、投資家たちは、しっかりと見ているのです。

好調なときに威勢のいい発言をするのは、誰にでもできることです。

業績が悪いときこそ、あえて社会の前に自らの姿をさらし、自分の言葉で企業の未来を語る。そうした社長の姿勢があってこそ、外部からの評価を受けて味方を増やす企業へと成長していけるのではないでしょうか。

第3章

「分析広報」を実践する三つのステップ

【ステップ1】現状を把握する

●雑音も受信するのが「できる広報」のアンテナ

東証（東京証券取引所）の三つの市場に株式上場している企業は、約3800社にのぼります。

株式上場には厳しい審査がありますので、その基準をクリアして上場にこぎつけたということは、それ自体が企業にとって大きなステータスであることは間違いありません。日本国内には大小合わせて約300万社もの法人が存在することから考えれば、上場企業は法人全体の約0・12パーセントと、きわめて狭き門なのです。

とはいえ、一般消費者の立場からすればどうでしょう。

「上場企業って3800社もあるんだ？」

そんな実感を持つ人が多いのではないでしょうか。

たとえ自社が株式上場していたとしても、

「自分の会社は、上場企業のなかで3800分の1の存在にすぎない」

このような認識が経営者には必要なのです。

「ウチは一般消費者向けではないBtoBの会社だから、知られていなくても仕方ない」と思う経営者の方もいるでしょうが、たとえBtoBの会社であっても、自社の社会的なポジションや評価に無関心であってはいけません。

それぞれの企業が所属する業界も同様に、世間からは全く知られていません。

東洋経済新報社から毎年出版されている『会社四季報　業界地図』の2023年版を見ると、174の業界が紹介されています。アナリストとして長年、業界を横断的に分析してきた私ですら、174業界のすべてを諳んじられるかというと、自信がないくらいです。経営者は、自社が所属する業界という、狭い世界にとらわれた発想からなかなか抜けだせません。

つまり、業界内における自社のポジションはよくわかっていたとしても、業界外にある社会から見て自社は一体どんな存在なのかを正確に把握していないのです。

成長する企業の経営者は、現状を正確に認識し、そのうえで目指すべきゴールを明確に持っています。数多くの社長さんと接するなかで、私はそれを実感してきました。

成長するためには、まず「現状を正確に認識する」ことが必要です。その現状認識の手段として、広報を有効に使うという発想が必要なのです。

広報を宣伝広告の一環と捉えれば、広報のアンテナには、強い発信力が求められますが、現状を把握するための情報収集力の一環として広報を捉えたならば、むしろ受信力こそが求められるのです。

よいアンテナは、雑音だと聞き逃しがちな声までも拾ってくれます。経営者にとって、耳の痛い声まで吸い上げられる広報の存在は、会社にとってかけがえのないアンテナなのです。会社が成長できるかどうかは、会社によいアンテナがあるかどうかによって大きく左右されるのです。

●「本音の評価」を受け取れる社長は成長する

私はさまざまな業界を横断的にリサーチし続けており、新興市場でのスタートアップに近い企業から、成熟した業界内でポジションもほぼ固まったような老舗企業まで、多種多様な企業を見る機会があります。

当然、企業がよくなる過程と悪くなる過程の両方に遭遇することもあります。

よくなっていく企業は、その会社自身が競争力を高めていることもありますが、社会の流れにうまく乗る展開ができたというケースも多いです。

反対に悪くなっていく企業は、自社の問題で競争力を低下させていることもありますが、それ以外にも共通して見られる傾向があります。

それは「自社の現状を正確に認識していない」ということです。


自社の現状を正確に認識できるのは、多くの場合、営業と広報がもたらす情報です。

ところが不思議なことに、自社の営業成績について真摯に向き合う経営者は多くても、広報がキャッチしてくる情報に対して同様に真摯に向き合う経営者は少ないのです。

自社の商品やサービスに対して、顧客がお金を払って購入してくれた。あるいは購入してくれなかった。この数字は、外部からの自社に対する「本音の評価」として受け止めるべきです。

営業成績が悪かったときに、「客がバカだから売れないんだ」などといっている経営者は、誰からも信用されないでしょうし、会社の成長も期待できません。

それを理解しているから、経営者は営業成績に対して真摯に向き合うのです。

しかし、同じ姿勢で広報に向き合う経営者はごく少数です。

外部から自社への評価が高まらないとか、取り上げてくれるメディアが少ないといった状況に対して、「それが自社に対する外部からの正直な評価だ」と受け止められないのです。

「自社の商品のよさが伝わらないのは、マスコミや投資家の理解が足りないからだ」

こうしたスタンスで、相手に責任があるかのように捉えている経営者は珍しくありません。決算説明会などで、そのように発言する社長もいるくらいです。

そういう経営者を見ると「基本的なことをわかっていないな」と思わざるを得ません。広報もＩＲも、外部に発信することと同じくらい、外部からの情報を受信するアンテナとしての役割があるのです。

社会の潮流に自社の事業を乗せて成長させる経営者は、営業の結果を見るように、広報やＩＲの結果を受け止めています。

メディアが、自分たちの顧客である読者に届けるコンテンツのなかで、あなたの会社の情報を使うかどうか。

それは、各々のメディア特性による面があるとはいえ、読者（社会）にとって価値があるどうかという「本音の評価」が表れるところなのです。そこで広報の結果を判断するのです。

個人投資家が自分のお金で、機関投資家は顧客から預かったお金で、自社の株を買ってくれるかどうか。買われなかったとしたら、それは投資家の「本音の評価」以外の何物でもありません。だからこそ、IRが重要になるのです。

広報（IR）を使って、自社に対する外部からの評価を確認する。成長する経営者は、営業と同様かそれ以上に広報からの情報を重要視するのです。

●自社の現状把握を見誤った例

社会からの自社に対する評価、また自社の価値をきちんと把握できなかった企業は、成長するチャンスを逃してしまいます。

現状認識と自己診断を誤ったために、成長のチャンスを逃してしまった例として思いだされるゲーム開発企業があります。仮にC社としておきましょう。

C社は、新たなゲームジャンルを開拓するなど、先駆的な取り組みに成功し、東証一部（当時）に上場を果たした企業です。

上場後も業績を順調に伸ばし、株価は、上場5年後には約3倍に達しました。

しかしその後は株価が下落を続けて、2023年4月には上場来高値から見ると10分の1程度の水準になってしまったのです。

株価下落が続いた要因はさまざまあるかと思いますが、私にも一つ心当たりがあります。実はこのC社から、数年前に「広報スタッフを訪問して話をしてほしい」と依頼があり、同社を訪問する機会がありました。

その際に、「ちょっとこの会社は心配だな」と感じたことを覚えています。

そう思った理由はいくつかありました。創業社長が会社を離れてアメリカへ行ってしまい、後を継いだサラリーマン社長に経営を任せてから業績が下がりだしたことも、アナリストの間では不安視されていました。

その社長から直接、依頼を受けてC社を訪問したのですが、そのミーティングには社長だけでなく広報部門の責任者も出席していませんでした。外部の専門家とのミーティングに、責任者が顔を出さないということは、普段から「任せる」ことが横行しているのではないかと感じたのです。

社長は広報を担当部署に「任せる」、広報部門でも部長が担当者に「任せる」。

このように「任せる」ことが連鎖すると、現場にも緊張感がなくなりますし、いつしか現場に都合のよい方便がはびこるものです。そして、社長が会社の現状を把握するための正確な情報が上がらなくなってしまいます。私はその時点で7~8年はC社をウォッチしていましたが、そのような兆候を感じました。

つまり「広報による正確な現状分析」の機能が働かなくなっていたのです。

また別の理由として、C社にとって一部上場という「肩書」が逆効果になっている気がしたのです。

当時、C社はことさら外部に対して「一部上場企業」であることをアピールしていました。実際に会社に行ってみると、どうやら管理部門が社内に対するコンプライアンス強化の方便として、「一部上場企業」であることを使っているように感じられたのです。

「わが社も一部上場企業になったのだから、これまでのようなことは認められません」と。

上場して日が浅いC社は、業界内の序列からいってもリーダー企業ではありません。日本に3800社もある上場企業の一つにしかすぎませんでしたから、もっと積極的にチャレンジをすべき立場でした。その現状認識に誤りがあったのです。

ところが一部上場に満足して守りに入ってしまったC社は、現状認識を誤ったばかりに、事業環境の変化を見誤り、自ら変化するチャンスを逃してしまったのではないでしょうか。

そして管理部門の方便として、「一部上場企業」といった言葉を使ったばかりに、社内の風通しが悪くなって、社員が萎縮する結果になってしまいました。

企業を本当に成長させたければ、社会から見た魅力を高めるために、「上場企業にふさわしい○○」になっているかを、具体的に従業員に問うはずです。

その「○○」こそが、企業の競争力の源泉になる価値です。自社が上場できた強さや魅力を、その後も磨き続けることにつなげているのです。

自分たちの強さの中身や質を問い続けるのでなく、単なる肩書きとしての「上場企業」にこだわったことが、衰退のサインであったのでしょう。

●社長が現状把握に広報ＩＲをうまく活用したプレミアグループ

一方で、現状を正確に認識して成長につなげた企業も、少ないながら存在します。

その一つに、自動車関連の信用保証事業やオートクレジットなどを行っている、プレミアグループがあります。

プレミアグループは、2017年12月に東証二部（当時）に上場しました。翌18年12月には東証一部（当時）に市場替えしています。

この会社のすごいところは、上場後4年間で、柴田洋一社長は投資家との1000回以上におよぶミーティングに自ら参加したことです。1対1の面談、あるいは数名といった少人数のミーティングも含め、社長自ら外部の投資家からの評価を直接受ける場に身をおくことで、正確な現状把握に努めたのです。

それに、社長が自分の言葉で投資家とコミュニケーションをとることは、企業の将来像に期待を持たせるうえで大きな力になる、最高の広報活動ともいえます。

プレミアグループの株価は、上場当時は３００〜４００円台でしたが、その後は上げ下げしながらも右肩上がりに上昇を続け、22年11月には上場来高値の１９８３円を記録しています。

当然ながら株価だけで企業の価値は測ることはできません。ですが、社長が自ら投資家とのミーティングに１０００回以上も出席して話を聞くという姿勢は、現状を正確に認識するためには大きな意味があったことでしょう。

後の項目でも詳しく説明しますが、広報パーソンも会社員である以上、社長に対してはどうしても忖度や遠慮が生じるものです。

外部の投資家やメディア関係者から自社に対して耳の痛い話をされたとしても、それをストレートに社長に伝えられる人はほとんどいないでしょう。厳しい話はオブラートに包んだ表現にして、当たり障りのない報告書を提出して事足りるとするのが普通です。

その弊害を防ぐために、外部からの評価を受ける現場にトップが自ら出ていく、ということは極めて有効です。広報パーソンが忖度する暇を与えずに、自社に対する本音の評価をキャッチできるからです。

同様に、営業に同行する社長であれば、現場の営業パーソンが忖度や保身から嘘の報告をあげようとしてもそれができなくなります。

社長には社長の仕事がありますので、すべての営業に同行できないのは当然ですが、ある程度でも現場に出ていれば、嘘の報告を察知するアンテナが働くようになります。

それに、営業や広報の担当者の立場からしても、「うちの社長は現場を知っているから、嘘の報告をあげても見破られる。全部本当のことを報告しよう」という意識が働くようになるでしょう。

外部の本音を知る機会を大切にし、そこから正確な情報を受信することは、会社の現状を把握して成長していくうえでの最重要なステップです。そして、外部の本音を知る機会として、広報を活用すべきであるという認識を持っていただきたいのです。

●広報に抜擢すべき人材：①自分の会社が好きな人

企業の成長のカギとなるのが広報です。そのため、「広報にどのような人材を抜擢するのか」が、経営を左右する非常に大きな問題になるのです。

広報は人気のある職種ですから、優秀な人材が志望することも多い部署です。人事をする側からすれば、よりどりみどりで選び放題と思える状況かもしれません。

とはいえ、一般的な意味で「優秀」な人材は広報に向かないこともあります。その理由は後の項目で詳述するとして、私が考える「広報にはこういう人材を抜擢すべき」という資質は次の2点になります。

①自分の会社が好きな人

②外部の反応を正直に報告できる人

それぞれについて説明しましょう。

まず、「①自分の会社が好きな人」です。

広報パーソンの第一条件として「自分の会社が好きな人」という点が挙げられます。

メディアをはじめとした外部の人を前に、「自分はこの会社が好きです」と堂々といえるのかどうか。

それが広報パーソンにとってはもっとも大事な資質なのです。

企業の業績には浮き沈みがあります。よいときばかりではありませんから、自社に都合の悪い情報を知らせなければならない状況に陥ることもあるでしょう。

会社のダメなところを追及される苦しいシチュエーションだったとしても、「私どもの会社にはこのような問題がありますが、それでも私はこの会社が好きです」という気持ちを、ストレートに外部へ伝えられるのかどうか。それが広報パーソンの重要な資質なのです。

いいかえれば、自社に対して客観的な立場を崩さず、いわゆる「評論家」のようなコメントに終始するようでは、どれだけ優秀であっても広報パーソンとしては失格といわざるを得ません。

「自分の会社が好きな人」というのは、あらゆる部署において求められる資質だと思いますが、とりわけ広報においては重要視してください。広報パーソンの「会社が好き！」という熱量が、外部にも波及して自社の評価を高めていくのです。

●広報に抜擢すべき人材：②外部の反応を正直に報告できる人

次に、「②外部の反応を正直に報告できる人」についてです。

広報パーソンは、外部からいわれたことを、そのまま正直に社長へと報告できる人であることが望ましいです。

企業における「頭」が社長だとすれば、広報は「目」であり「耳」であり、そして「口」でもあります。外部からの情報を受信するアンテナの役割と、自社の情報を発信するスピーカーの役割を兼ね備えるのが広報です。

しかし多くの企業では、社長への忖度や、わが身可愛さの保身から、外部の反応を正直に報告しない広報パーソンが珍しくないのです。

「この情報をそのまま社長に伝えると、よくない印象を与えそうだし、もしかしたら自分の評価も下がってしまうかもしれない。少しオブラートに包んだ表現で伝えようか……」

会社員であれば、こうした心境は多かれ少なかれ経験したことがあるでしょう。

しかしそのような状況でも、ありのままを正直に報告できる人こそが広報には求められるのです。

なぜかというと、本章で述べてきたように、分析広報の大事な役割に「現状の正確な認識」があるからです。そこで社長が現状を正確に認識するために、情報収集のアンテナとなるのが広報なのです。

広報が社長に忖度して外部の反応を正直に報告しないと、アンテナの精度が鈍るだけではなく、むしろフィルターになって情報が届かなくなってしまいます。そうなれば現状を正確に認識できなくなり、経営判断を誤る事態にもつながりかねません。

社長の「イエスマン」になって、聞こえのいい話ばかりを持ってくる広報は、会社をダメにする原因になるのです。

中小企業のコンサルティングで有名な、株式会社武蔵野代表取締役社長の小山昇さんは、中小企業のコンサルティングを通じて経営改善や生産性向上に取り組まれています。

その小山さんが、コンサル先の企業にやってもらうのが、営業パーソンに日報を書かせる作業なのです。

「日報ぐらい、うちの会社でも書かせているよ」と思うかもしれません。

しかし小山さんは、日報を書かせる際に次のようなルールを徹底しているそうです。

「相手からいわれたことを『　』(カッコ書き）にしてそのまま書く」

「自分の感想や意見は、相手の言葉とは別にして最後に書く」

外部の声を拾うことができるのは、主に営業と広報の二つのセクションです。小山さんも、営業パーソンに会社のアンテナとなる役割を期待しているのでしょう。

だからこそ、余計なフィルターがかからないように、「相手からの言葉をそのまま書く」というルールを徹底しているのだと思います。

感度のよいアンテナは、心地よい音だけでなく、耳障りなノイズ（＝外部からの厳しい声）もきちんと受信するものです。

広報は社長の目や耳となって、現状の正確な認識に必要な情報収集のアンテナとなるのが役目です。そのためには、嘘をつかず、見聞きした内容を正直に伝える人こそが必要です。

そんな正直な人材こそ広報に抜擢する度量を、社長には持ってほしいものです。

●会社が苦しい時期こそ広報の役割が重要

広報パーソンが「外部の反応を正直に報告する」ということは、社の経営にとっても重要なポイントになるので、もう少し補足します。

私が「自社の現状把握のために広報を活用しましょう」と話すと、怪訝な顔をされる経営者もいらっしゃいます。広告宣伝という従来の視点でしか広報を見てこなかった経営者にとっては、「現状把握の手段」といわれても、戸惑いがあるのでしょう。

企業の成長には波がありますので、よいときも悪いときもあります。

「現状把握の手段としての広報」が存在意義を発揮するのは、どちらかというと、企業の業績が悪いときです。

調子よく成長できているときには、社会にアピールしたいこともたくさん出てきますから、広報はそのニュースを随時発信していればいいわけです。企業の業績が伸びている時期は、広報が特別な努力をしなくても、メディアが自然と取り上げてくれることもあるでしょう。

問題は業績が伸び悩んでいる時期です。

自社にポジティブなニュースがないと、情報を発信する役割ばかりに取り組んできた広報パーソンは、何をしていいのかわからなくなってしまいます。

無理やり自社のアピールをしようとしても、「あんなに必死に売り込もうとするなんて、あの会社は相当厳しい状況かもしれないな」などと、百戦錬磨のメディア関係者からはすぐに足元を見られてしまうことでしょう。

こうした悪い時期こそ、外部からの評価を受信するという、広報のもう一つの役割を意識すべきなのです。そして、会社にとってネガティブな情報であっても、きちんと受信して報告する。むしろネガティブな情報こそ率先して拾ってくる姿勢が大事なのです。

それが、経営者の代わりにアンテナとなって情報を集めてくるという広報の大切な役割なのです。

そして経営者は、広報がキャッチしてきた情報を虚心坦懐に受け止め、特にネガティブな情報こそ自社を改善するヒントとして生かしていきましょう。

間違っても、耳の痛い報告をしてきた広報パーソンを叱りつけるような真似をしてはいけません。現場が委縮し、ネガティブな情報を報告しなくなってしまいますので、経営者が文字通り「裸の王様」になってしまいます。

私はさまざまな業界を横断的にリサーチしてきて、たくさんの経営者ともお話をしてきました。

ミーティングした際、出てくる話題が取引先や仕入先の話ばかりで、「自社を取り巻く社会環境に対しての把握が欠落しているな」と感じさせる経営者がいます。そうした会社は、例外なく、自社に都合のよい情報ばかりを報告する広報パーソンがいるのです。

広報からよい報告を受けるのは、心地よい気分かもしれません。

しかし、自社に対して外部が関心を示さないという事実もふくめて、悪い情報をきちんとあげないような広報パーソンは、企業が停滞する原因になっていることに、経営者は気がつかないといけないのです。

会社が苦しいときこそ、広報の役割を見直し、光を当ててみるべきなのです。

「現場に邪魔なものをなくせば、会社は自然と伸びるんですよ」

これは、2000年代にもっとも時価総額が上昇したアダストリア（当時ポイント）の当時のCFO（最高財務責任者）だった吉野明男氏が語った言葉で、いまでも鮮明に覚えています。

先述の通り、私は大和総研時代、規模が小さく注目されていなかったアダストリアを最初に買い推奨したアナリストでした。

広報を含めた管理部門全般や、中間にいるマネジメント層が、現場に必要なことだけを実行し、現場の邪魔をしないことに徹したら、自ずと企業は成長するのです。

2000年代にもっとも成長した企業の一つでもあるアダストリアの管理基盤をつくった吉野氏の言葉は、成長する企業の特徴を端的に表しています。

社長によい情報をあげるために忖度する広報パーソンは、成長企業にはおそらく存在しないのではないでしょうか。

●優秀な広報パーソンの「落とし穴」

世間の一般的なイメージでは、広報やPRといった部署は人気職種に見られているのではないでしょうか。

メディア関係者とやり取りしながら、自社の広告を企画し、コマーシャルの作成現場に立ち会ったりして、その成果物が雑誌やテレビなどで紹介されていく。

こうした華やかなイメージがあることから、若い方の広報志望者も多く、また女性の活躍も見られる職種となっています。

人気職種である広報部門の志望者は、そもそも仕事に対する意識が高い人が多いです。広報担当者も、自身のスキルアップやキャリアアップに熱心に取り組む傾向が強いように見受けられます。

メディア対応のトレーニングやプレスリリースなどのコンテンツ作成といった自身のスキルだけにとどまらず、外部の広報パーソンとの勉強会や交流会にも積極的に参加して、人脈を広げようとするのです。

仕事でＰＲ会社を活用しつつ、そのＰＲ会社から広報パーソンとしてのスキルアップのために教えを乞おうとする、向上心が旺盛な人たちなのです。

仕事に対して積極的で、自己研鑽も欠かさない。そんな広報パーソンは、会社にとっても「いてほしい人材」であると認識している経営者も多いことでしょう。

しかし、多くの企業で広報パーソンを見てきた経験から申し上げると、「優秀」な広報担当者が、そのまま会社にとって有益な人材であるとは限らないのです。

その理由の一つに、そもそも優秀な広報パーソンは「会社を辞めやすい」という、身もフタもない現実があります。

これは私の肌感覚ではありますが、上場企業、なかでも東証グロース市場に所属するような新興企業の場合、20代の広報パーソンの半数以上が、3年も経験を積むと転職してしまうのです。

広報の仕事は人脈も広がりやすく、自身のスキルが高まれば他社から「ウチで働かない？」と声がかかる可能性も高まるのです。

本人も向上心が旺盛でキャリア意識が高いため、「他社で力を試してみたい」「いまいる環境からステップアップしたい」という思いを抱くのも無理はありません。

しかし、会社としては非常に困るのも事実です。「優秀」な広報パーソンになるために磨かれたスキルが、自社にとって本当に有効に作用するとは限らないのです。

●露出の多い広報が必ずしも優秀とは限らない

「優秀」な広報パーソンの問題は他にもあります。

日本における広報は、広告宣伝の一環として捉えられる傾向が強いことは再三指摘してきました。そのため、広報パーソンの役割も、自社をどれだけ多くのメディアに露出されたかに偏りがちなのです。

もちろん、記者や編集者など多くのメディア関係者との人的ネットワークを構築することは、広報パーソンとして欠かせない力量の一つです。

しかし、露出されることと同様かそれ以上に、メディアとの対話を通して、第三者からの評価を構築するスキルが重要なのです。

広報の広告宣伝という側面ばかりがクローズアップされている現状で、「パブリック・リレーション」としての広報の役割、つまりメディアなど外部との関係構築や、自社に対しての理解をいかに浸透させていくかという点が軽視され、広報パーソンの仕事としてあまり評価されない傾向があります。

そのため、優秀な広報パーソンであるほど、現状を分析したり、第三者からの評価を得る活動に時間を割こうとしません。

もっと直接的に自分自身の広報パーソンとしての評価につながる仕事、つまり露出とそれによる反響を増やすことに注力します。せっかくメディア関係者との人間関係をつくったとしても、それを自社ネタの売り込みだけに使おうとしてしまうのです。

メディアの人たちもバカではありません。ネタがなくて困っているときは、売り込まれたネタを便利に使うかもしれませんが、長期的な企業評価にはつながらないのです。むしろ、「あの会社の広報は、いつも必死で売り込んでくるな」「売り込みをしないと商品が売れないのか」と、かえってメディア側から舐められてしまう可能性もあります。それでは自社の評価を下げることになり、完全に逆効果となっているでしょう。

そして、人脈を使って売り込む活動ばかりをやっていると、いつしか「自社」ではなく「自分」を売り込むことのほうが熱心になってしまうのです。若手広報パーソンの転職の多さは、そんな「優秀」な広報パーソンの問題を象徴しているのではないでしょうか。

広報パーソンが真に重要視すべきは、「いかにして自社と社会との良好な関係性を築くか」ということです。それは、自社がどのような存在であるかを、業界内のポジションや他社との比較、そして社会のなかの存在意義などから、広く理解してもらうことです。

優秀な「広告宣伝パーソン」となって、転職できるスキルを身につけた人よりも、自社として外部との関係性を構築し、理解、評価させる社員こそが、企業にとって必要な人材なのではないでしょうか。

こうした観点からの人材育成、人材評価をしていかなければ、優秀な広報パーソンは次々と他社へと転職してしまうでしょう。

【ステップ2】自社を魅力あるポジションにおく

●業界内の序列だけでは、企業価値は高まらない

自社を成長させてさらに上のステージへと導くために、現状把握の次に大切なのは、「魅力あるポジショニングをする」ということです。

現時点で、自社のことを世間の人たちは誰も知らない、「特段目立った存在ではない」

ところがスタート地点になります。

「ウチの会社はBtoB（企業間取引）の会社で、BtoC（消費者向け）ではないから、世間の人たちが知らないのは仕方がない」

経営者がこんな認識でいてはいけません。

なぜ、あなたの会社は知られていないのか？

なぜ、あなたの会社は世間から評価されていないのか？

正確な現状把握の上で、この問題への考察が必要になるのです。

社会から見て興味を持たれない企業であれば、興味を持たれるように変わっていく必要があります。

ここで多くの経営者は、

「売上をアップして、業界内の序列を上げれば、自然と社会からも評価されるだろう」

と思ってしまいがちです。

もちろん、事業として売上や利益の数字を上げていくことは不可欠です。しかし、それで業界内のランキングが上がったとしても、全くといっていいほど、社会からの関心は高まらないのです。

この現状認識で間違っていると、効果が出ない広報活動に終始してしまうのです。

広報が現状把握の次に考えるべきは、「どのようなポジションをとれば、社会にとって価値ある企業だと評価されるか」という点です。

ここからは、いくつかの会社の事例も紹介しながら、社会にとって価値ある企業というポジショニングをどうやって得ていくのかについて考えていきます。

●企業（事業）を見る四つの視点とギャップ

社会のなかでのポジションを考える際に気を付けなければいけない点は、企業を見る視点は立場によって異なるということです。

企業（事業）を見るには、大きく分けて四つの視点があります。

①事業性……いかにして収益を生みだすのかを見る、事業家の視点
②安全性……事業のリスクを想定し資産の保全を計る、銀行の視点
③成長性……将来にどのくらいの成長が見込めるかに注目する、投資家の視点
④社会性……世間的にどのような意味や価値があるかを考える、メディアの視点

広報の観点から注意すべきは、経営者は「①事業性」の視点を、メディアは「④社会性」の視点を、それぞれ重視するということであります。つまり、経営者とメディアでは重視するポイントが異なるのです。

そのギャップの存在を理解しないままに広報活動を行っても、効果を上げるのは難しいでしょう。

事業性を重視する経営者からすれば、

「ウチの会社は今期の利益が前年比でこれだけ伸びている！　すごいだろう！」

「業界内で5位に入っているから誰もが知っているはずだ！」

このような意識が働いたとしても無理はありません。

しかし、それだけでは社会性の視点から見ると珍しくもなんともないので、メディアは取り上げようとしないのです。結果、社会的な存在感を発揮することもできません。

逆に、利益はさほど出ていなかったり、ときには赤字であったとしても、世の中が注目するようなアクションをしている企業のほうが、メディアに取り上げられて社会的な評価を高めることがよくあるのです。

もちろん企業が存続するためには、「事業性」「安全性」「成長性」という三つの視点は欠かせません。

しかし、それだけでは社会的な評価を高めることはできないのです。

企業の「社会性」を高める。そのために、広報がリードして世の中に注目される魅力的なポジションをとることが大切なのです。

●「タテの序列をヨコに変える」試みの必要性

ポジションをどう変えるか？

そのための考え方の補助線として、「既存の序列から枠組みを変える」ということを意識してみてはいかがでしょうか。

いいかえれば、

「タテ（の序列）をヨコにする」

ということでもあります。

タテの序列をヨコに変えて自社のポジショニングをした例として、ＪＭＣという鋳造品メーカーをご紹介しましょう。

ＪＭＣは、３Ｄプリンターや砂型鋳造による試作、樹脂・金属部品を作成するメーカーです。CTスキャンの画像を3D化する技術もあります。

2016年に株式上場した当時は、3Dプリンターの技術が世間的にも注目されていた時期でもあり、メディアにもよく登場しました。当時は株価も高く、2018年10月には上場来高値の2490円を記録したこともありました。

しかし、私が同社を訪問した2022年12月は、前期に過去最高の営業利益を出したものの、株価はピーク時の4分の1程度の600~700円代で推移していたのです。

鋳造品というものは、モノづくり業界内の常識からすると、製造初期に用いられる試作品にすぎず、単なる1工程だと見られています。

「試作品」「1工程」という、モノづくり業界内の「序列」にとらわれている限り、業界内で中核的なポジションをとることは難しいでしょう。

上場した当時、JMCは社会的にも注目を浴びていました。それは「いま注目されている3Dプリンターの事業で上場した企業」というポジションを獲得できたからに他なりません。

何かの技術やサービスが新しく出てきて注目されているときは、その未来に対しての期待が生まれます。必然的に、その分野の企業も注目されるようになるのです。

しかし、時間の経過とともに、「新しさ」がなくなりますので、世の中からの期待値も下がっていき、将来の成長に対する期待もなくなってしまうのです。

新しさで注目を浴びる時期が過ぎたら、新しさからくる期待値だけでなく、別の論点で自社のポジションを再定義する必要があるのです。

ＪＭＣを訪問した際に、渡邊大和社長に私が提案したのは、

「モノづくり業界だけではなく、『あらゆる業界から試作品をアウトソースで集約する』という新しい業界のプレーヤーとして、自社を再定義してはどうでしょうか？」

ということでした。

実際にＪＭＣは、さまざまな業界から試作品をアウトソースで受注していましたので、その点を自社の新しい価値として、広報がもっと強くアピールすべきだと申し上げたのです。

つまり、いまいる業界内のタテの序列を取り払って、業界を横断的に見るヨコの視点で、ポジションを再定義するのです。

ＪＭＣが、試作品を作成する鋳造品メーカーとして、一つの工程にこだわってアピールをし続けたとしても、業界の外にある社会や、投資家たちから企業のポテンシャルを評価されることは難しいでしょう。

いまの業界内のタテの序列や既存の役割といった、「自分たちのニッチな分野にこだわ

る」という路線を突き進んだとしても、成長の期待は先細りになってしまうのです。

「タテがダメなら、ヨコに広げていこう」という発想の転換をすれば、ＪＭＣの場合であれば３Ｄプリンターによる試作品作成の工程を、業界を超えていろいろな企業から受注する立場を持つことで、ヨコの領域へと成長していけます。

そうすれば、「３Ｄプリンター専業で初めて株式上場した企業」という独自のポジションを強みとしつつ、「あらゆる業界から試作品をアウトソースで集約する」という新しい価値を加えることで、社会的な評価と期待を集めることも十分に可能でしょう。それが、事業展開を再加速させる力にできるのではないでしょうか。ＪＭＣの今後の展開にも注目です。

●戦略的に自社のポジションを変えたＳＨＩＦＴ

ＪＭＣに話をしている際に、私の頭に浮かんでいたのはＳＨＩＦＴのケースでした。ＳＨＩＦＴは、ソフトウェアのテスト受託を主力事業するＩＴ企業です。バグ（プログラムの誤りや欠陥）を検査するという、ソフトウェア開発には欠かせない工程を担っています。

バグテストという地味な工程を集約し、自社がアウトソースとして受ける事業を伸ばして、２０１４年の株式上場までこぎつけたＳＨＩＦＴのやり方は非常に見事だったと思います。

その後ＳＨＩＦＴは、企業などの情報システム構築や運用を請け負うＳＩベンダーとしての業務を広げていきます。地味なバグテストの領域で足場を固め、周辺領域へと事業を拡大していく戦略には感心します。

意識的に自社のポジションを変えて成長するＳＨＩＦＴに対して、投資家や社会が注目し、期待を寄せるのは当然といえるでしょう。

実際、２０１４年の上場時には数百円だった株価が、２０２２年11月下旬には上場来高値の３０３５０円を記録するまでに至りました。

まさに、タテからヨコへと事業を拡大していき、自社の取り組みを広報が効果的に投資家や社会にも知らせていったことで、大幅な株価上昇という形で企業価値も高まったのでしょう。

●ガリバーの存在を逆手に取って自社のポジショニングに成功した上場企業

自社の事業展開に合わせて、広報が社会の評価をつくりだし、うまくポジショニングを取って成長した上場企業D社の事例を紹介します。

D社は、特定分野のプロ向け情報サイトを運営する事業を行っています。その分野では、業界最大手のチャンピオン企業E社がすでに存在していました。「1強」のチャンピオン企業に対してD社は、その他大勢の1社という存在でしかなかったのです。

ところが、新型コロナウイルス感染拡大で事業環境が激変したことをうまく利用し、21年6月のD社の株価は、2020年3月と比べて一時20倍近くまで高騰しました。さらに利益も5倍になるなど、急成長を遂げたのです。

D社は世の中の変化にうまく対応し、自社のポジションを築きました。

当時、私もD社を訪問して社長と直接お話をする機会がありました。その際に社長がこのように語っていたのです。

「E社に対して弊社はいないような存在だった。それを顧客に広報して、『チャンピオン企業1社に依存するのは、業界として危険だ』という認識を持っていただいた。もう1社、別の会社によるサービスも使うことで業界は健全化するし、ユーザーにとっても有益だという、業界内でのポジショニングを構築することに努めた」

チャンピオン企業に真正面からぶつかっても勝ち目はありません。

そこで、「E社とD社の2社が共存することで、業界が健全化する」という評価をつくりだし、「D社がこれだけ魅力あるポジションにいる」ということを社会的に認知させたのです。そのことで専門分野のプロ向け情報サービスを求める消費者から一定の需要をつくりだすことに成功し、自社の利益にもつながりました。

新しい評価の基準を社会に認知させることで、自社を魅力あるポジションにおいて世の中を味方につける。まさにこれこそ、分析広報が目指すアプローチそのものでした。

D社社長は、その他にも示唆に富んだ指摘をされていました。

なかでも、現場の営業パーソンに対して社長が「嘘だけはつくな」と、徹底して指導しているという話は印象的でした。

社長曰く、「社長との同行を嫌がらない営業パーソンは、営業成績がどうであれ、嘘や不正などの不誠実な対応をしていない」ということです。なぜなら、社長と一緒に営業現場に出ておかしな対応をしていれば、顧客の反応などからすぐにバレてしまうからです。

本書内で私は「外部の反応を正直に伝える人を広報に抜擢しましょう」と述べてきましたが、まさに通じるものがありました。

社長が外部の評価を受信するアンテナとして、営業や広報を活用している会社は成長していくのです。

●「コト消費」のポジショニングで差がついたメルカリとゲオ

もう一つ、ポジショニングによって差がついた例として、メルカリとゲオホールディングスのケースをご紹介します。

フリーマーケットアプリを運営するメルカリは、中古商品の流通や消費者間の取引という分野で、ビッグブランドになっています。

インターネットでの宅配サービス利用が消費者に浸透していく流れに乗って成長していったメルカリは、自社サービス経由の商品流通量は国内ナンバーワンとなりました。

しかし、もともと中古品流通という分野では、「セカンドストリート」「ゲオ」を展開するゲオホールディングスや、「ブックオフ」を展開するブックオフコーポレーションのほうが、圧倒的に強い存在だったのです。

特に、かつて国内ナンバーワンシェアを占めていたゲオホールディングスは、自前のITシステムにも強みを持っていましたので、インターネットでの消費者向けサービスを展開するうえでも、競争力では優位だったはずでした。

ゲオホールディングスやブックオフコーポレーションは長年、中古品流通をやってきたので、全国に店舗展開もしていました。この店舗の存在がある意味で裏目に出ます。店舗を介したモノの流通という既存の仕組みにこだわったことで、「消費者から中古品を店舗で買い取り、その中古品を店舗で売る」というビジネスモデルから脱却できませんでした。

メルカリが提供したのは、単なる中古品流通のアプリにとどまりません。

ちょうど世界的な潮流として、「シェアリング・エコノミー（共有経済）」が注目されていた時期でした。消費者の価値観が「所有」から「共有」へとシフトしていたタイミングに、メルカリのフリーマーケットアプリは見事にマッチしたのです。

モノを買って所有するだけでなく、いらなくなったらメルカリを通じて必要としている人の手に渡す。こうしたシェアリング・エコノミーを生活のなかで気軽に体験できる「コト消費」という価値を社会に提供したのでした。

単なる中古品流通で勝負していては、先行して多数の店舗も展開しているゲオホールディングスやブックオフコーポレーションといった競合他社に勝つことは難しかったでしょう。

メルカリは「コト消費」というポジショニングによって、強い競合と真っ向から勝負することを避け、結果的には既存のリサイクルチェーンを大きく上回る流通量にまで成長したのです。

世間の潮流を読んだポジショニングの妙が生んだ成功といえるのではないでしょうか。

● 世間の潮流を読んで先手を打つのが分析広報

企業のポジショニングについていくつかの例を挙げてきました。

いずれも、成功したポジショニングは「世の中の流れを読んでいた」という勝因があったのです。

世間の注目が、業界や自社の事業に向くようなタイミングを見計らって、その流れの中心にいるように戦略的にPRするのです。

付随して、サッカーワールドカップや、ワールドベースボールクラシック（WBC）などといった世界的なスポーツイベントを利用するやり方も考えられます。

２０２２年、サッカーのカタールワールドカップで、日本チームを応援している観客が「ボスへ、２週間の休暇をありがとう」と英語で書いた紙を掲げている様子を、ＦＩＦＡ（国際サッカー連盟）の公式ツイッターが紹介しました。

するとその投稿に対して、勤務先であるＮＴＴ東日本の公式アカウントが「休暇とワールドカップを楽しんでくださいね、ボスより」と、引用リツイートで反応したのです。

このやりとりがＳＮＳ上で大いに話題となり、ＮＴＴ東日本がホワイト企業であることが社会に広く周知されることとなりました。最高の広報活動になったのです。

このニュースを受けて、上手な広報はどう次の手を打つでしょうか？

次の大きなスポーツイベントは、２０２３年３月に開催されたＷＢＣでした。日本チームの感動的な優勝に、列島中が沸いたのは記憶に新しいところです。

サッカーワールドカップが終わった段階で、約半年後にＷＢＣが開催されることは誰もがわかっています。

そこで先手を打ち、

「わが社は社員にＷＢＣ休暇をとらせます」

とアナウンスするのです。

するとＮＴＴ東日本の前例がありますので、「世界的スポーツイベントのために休暇を与えるホワイト企業がある」という文脈でメディアに取り上げられ、世間からの評価を集められたかもしれません。

そうすれば自社を、「社員をとても大切にする会社」というポジションにおくことができたのです。


これは一つの例ですが、広報はこのように世間の潮流を読んで、先手を打ってポジショニングをしていく意識が大切です。

分析広報のアプローチをすれば、世の中の流れが追い風となって、自社の力だけでは届かなかった領域に運んでくれることもあるわけです。

さて、世間の潮流がある領域だということは、そこでメディアに取り上げられるのは自社ではなく他社でもよかったはずです。先に例として挙げたＷＢＣ休暇などは、商品やサービスの中身とは無関係ですから、まさにどの業界のどの会社でもニュースになり得ます。

他の会社がメディアに取り上げられる可能性があるような話題のときに、自分の会社でその話題を出すことができるのが、いい広報、力のある広報といえるのではないでしょうか。

自社しか出せないニュースがあるときは、広報が何もしなくても、メディアは取り上げてくれる可能性は大きいからです。

「このネタだったら、どの会社でも当てはまる」という場合でも、いち早くアピールすることで自社を出すことができます。すると、他の会社でもよかった機会を自分たちがものにすることができるのです。

そのためには、世間の潮流を読んで先手を打つことが必要であり、その準備をして、タイミングというチャンスをつかんでいくのが分析広報です。

「タイム・イズ・マネー」という言葉がありますが、広報においては、「タイミング・イズ・マネー」です。自社の価値が評価されるポジションを見つけだし、それが受け入れられる社会の変化にアンテナを張っておく。それができていたからこそ、世間からの追い風の力を最大限に生かして自社の評価を高められるのです。

● 説明フォーマットを変えることで、変化が伝わる

ここで、自社のポジションの変化をアピールするテクニックを紹介しておきましょう。

近年、コロナ禍に始まり、そしてロシア・ウクライナ戦争とそれに伴う原油や資源価格

の高騰など、目まぐるしい環境変化への対応を経営者は迫られています。

この環境変化のなかで、従来の経営方針から展開を変えようとする企業も多数ありました。私はそうした経営者に対し、「これからわが社は変わります」というメッセージを、どのように外部へ伝えるのかを注目してきました。

ところが、期待して決算説明会に参加しても、肩透かしをくらうことも多かったのです。

その大きな理由の一つに、

「会社の説明会資料のフォーマットが従来から変わっていない」

ということが挙げられます。

私たちアナリストは、決算説明会に参加する前に、事前に発表されている企業の決算内容などの過去資料を確認しています。

たいていの企業は、独自の説明会資料のフォーマットがあるものです。それを踏襲すること自体は、準備や実務の効率化にもつながりますので、悪いことではありません。それに、どんなフォーマットで説明資料を作成するかは、その会社の自由です。

しかし、「経営戦略を変える」というメッセージを伝える場で、過去資料のフォーマットを踏襲していては、その変化が伝わりません。

新しく生まれ変わる話をするのに、過去と同じフォーマットをそのまま使っている。そういう会社を見ていると、「本当に伝えたい内容に合わせて、最適な形を検討して選んだのだろうか？」と疑問に思ってしまいます。

どんな会社でも、変化しようとするときには、社内に抵抗勢力が出現します。管理部門がＩＲを担当している会社では、新しい取り組みをしたがらない傾向があり、その管理部門が抵抗勢力になっているケースも多いのです。

そういうスタッフが作成する資料では、フォーマットをなかなか変えようとしないものです。つまり説明会資料のフォーマットすら変わっていない状況は、その会社が変わることに対する苦労がにじみでているのです。

「名は体を表す」との言葉がありますが、上場企業でも、名実ともに会社を変えていこうとする際に、社名を変更することはよくあります。社名を変えた会社は、「中身も変わっていったな」と印象づけられるのです。

社名変更ほど極端でなくても、外部に向けて変化を宣言する場においては、説明会資料のフォーマットを変える。そして、説明のフレーム（枠組み）を変えるのです。たったそれだけで、メディア関係者やアナリストたちは、「この会社、何か変わったな」という印象を受けるものなのです。

経営者の意思として、その程度のことができないようであれば、外部を巻き込んで企業が変化していくことなど難しいのではないでしょうか。

【ステップ3】外部を巻き込んで味方をつくる

●「できる広報」は流れを自らつくる

特段目立つ存在でもなく、「その他大勢」という扱いを受けている会社が、自分たちの取り組みを理解してもらい、社会から評価を得るためにはどうしたらいいのでしょうか。「自社のことを知ってもらいたい、興味を持ってもらいたい」と考えて、自分たちの情報を発信することは、どの会社でもやっています。

それだけでは、「その他大勢」の会社と差別化することはできません。メディアのお客様である視聴者や読者といった世間一般の人たちが、関心を持つことはまずないでしょう。

そのために、現状を正確に認識し、自社にとって魅力あるポジショニングをすることが大切であると前項までで述べてきました。

ステップ3では、社会でいま注目されている事柄に、自社のアクションを寄せていくことで、メディアに注目され取り上げてもらえるようにする、という方法をお伝えしましょう。

例えば、DX（デジタルトランスフォーメーション）が注目されているときは、DXにかかわる施策を打つことで、メディアに取り上げられやすくなります。

対話型AIの「ChatGPT」が話題になっているときならば、ChatGPTを自社の商品やサービスに関連づけて使用したりして、その模様を取材してもらう。

こうした取り組みで、メディア露出して知名度をつくり、魅力あるポジショニングをすることはできます。

そして、さらにもう一歩進むと、世間の流れが起きるのをじっと待っているだけではなく、潮流を自らつくるためのアクションを起こす広報があります。

うまい広報というのは、流れに乗るのではなく、自ら流れをつくりだします。

そのために、自社だけでなく同業他社と共同で発信をしたり、あるいはメディアとの良好な関係づくりを日常的に取り組んだりして、応援してくれる味方づくりに励んでいるのです。

●他社を巻き込んで「世間の潮流」をつくる

うまい広報は、自社だけでなく他社も巻き込んで「世間の流れ」を起こし、ニュースをつくりだしてメディアに取材させます。

メディアの立場としては、ネタによっては、1社だけを扱う記事は、ニュースではなく「広告」に見えてしまうことがあるため、躊躇されるケースがあります。

そこで1社ではなく、3～4社で束になって、そのテーマに即したアクションをしてみせるという仕掛けを行うのです。

例えば、Aという会社が、中国のベンチャー企業と提携して、その商品を日本に輸入して販売しようとしているとしましょう。

A社としては、中国企業との提携や、扱う商品の魅力をメディアに取り上げてほしいところですが、前述の通り1社だけのニュースは広告と間違えられやすいので、そのままでは取材を受けるのは難しそうです。

うまい広報は、ここで次のように考えるのです。

「自社と同じように、最近、中国のベンチャー企業と提携した会社はないだろうか？」
「中国製品を輸入して国内販売し始めた会社はないだろうか？」
そしてリサーチした結果、条件に当てはまりそうな会社が見つかったら、他社の広報に『中国ベンチャーとの提携』をテーマに、一緒にイベントを企画して、それをメディアに取材してもらいませんか？」と連絡するのです。

この例でいえば、「中国発のベンチャー企業が日本への展開を加速させている」というトレンドを、広報が主導してつくりだしているのです。

その文脈で、中国企業と提携してビジネスを加速させている存在として、自分たちA社と、広報が声をかけたB社・C社・D社の4社を取材してもらえば、1社だけを扱うニュースよりも扱いは大きくなるでしょう。

このようにして、自社が世間の潮流に乗るだけではなく、一歩進んで、自らが世間の潮流をつくりだしていくのです。

自社が主導してつくりだした流れですから、メディアに対しても最初からレクチャーができます。すると、自社に有利な形でメディアに情報を提供することができますので、世間が注目したときには一番注目されるポジションにいることができるのです。

●新たな評価基準をつくって注目させる

「世間の潮流」とは、いいかえると「評価基準」となります。

例えば、ＳＤＧｓ（持続可能な開発目標）で提唱されているような価値観が評価される現在では、企業も地球環境に配慮するなど「持続可能性」を意識した取り組みが高く評価されます。

反対に、昭和の高度経済成長期は、地球環境への配慮が評価される時代ではありませんでした。そのため経済合理性を追求した企業活動によって、環境が破壊されたり、人体に悪影響を及ぼしたりといった公害が起こってしまったのです。

これは極端な例かもしれませんが、時代によって社会からの評価基準は変わっていきますので、「いまは何が評価されるのか」を敏感にキャッチしなければいけません。

うまい広報は、時代の一歩先に「新たな評価基準」をつくりだして、社会に浸透させようとします。自社のやっていることが「社会にも価値がある」ということを示していくのです。

自社の商品やサービス、あるいは社長などを露出させて人目につかせる取り組みとは別に、自社のやっていることが「社会にも価値がある」という理解のされ方を、世の中に浸透させるのです。

こうして、自社が主導して評価基準を世の中に浸透させることができれば、仮に自社よりも商品やサービスの質が劣る企業が露出してきたときに、自社に誘客される流れも出てくるのです。

既存のものとは別に、新しい評価基準があるという認識を浸透させるために、「広報がメディアの人に対して情報を教えていく」という広報のやり方があります。

単に自社のニュースといったネタを教えるだけでなく、「いまこんなトレンドが新しいですよ」「業界ではこれが最先端ですよ」という、新しい評価基準に関するレクチャーをしていくのです。

そうすることでメディアを巻き込み、自社の味方となってくれる存在を増やしていけるのです。

●「できる広報」はメディアと信頼関係を築く

いまだに多くの広報パーソンは、広告宣伝が仕事だと勘違いしており、「メディアに宣伝してもらう」という意識でいる人が多いのです。

しかしそれでは、メディアとの良好な関係を継続させることはできません。

自社の発信をする広報活動から次のステップとして、

「業界の情報を教える存在になっていく」

ということを意識してほしいと思います。

単なる自社ネタの発信にとどまらず、業界の情報を教える存在にあなたの会社の広報がなっていくと、「何者でもないその他大勢の会社」から、「業界の情報を教えてくれるありがたい存在」へと変わります。それは、既存の業界内の序列を超越した、自社の新しい存在感につながっていくでしょう。

そもそも現在はあらゆるメディアにおいて、現場で取材する記者の人数が減っています。そのため記者も、自身の担当する業界を複数掛け持ちしているのが普通です。一つの専門領域について最新情報を常にキャッチできるほどの余裕はありません。

そこで、メディアの担当者が関心を持ちそうな業界情報を、広報が先に教えてあげるのです。その際に毎回、必ずしも自社のネタにからめる必要はありません。相手にとって役立ちそうな情報を先に教えて、その反応を見るのです。

ときには反応がないこともあるでしょうが、「こういう情報にはメディアは価値を見出さないのだな」とわかっただけでも収穫だとしましょう。少なくとも、記者にとっては業界の最新情報を教えてくれるだけでも大いに助かるはずです。

先に情報を「ＧＩＶＥ（与える）」することに徹して、メディアの側に「何かあったらあの会社の広報に聞きに行こう」と思われる存在を目指しましょう。

そうすれば、いざ何か自社の情報を提供した際に、聞いてもらえる関係性がメディアと築けますし、メディアの側も「あの会社の広報には普段からいろいろ教えてもらっているから、ネタがないときは（優先して）紹介してみようか」という心境になるはずです。「返報性の法則」というものがありますが、こちらが先に与えることをすれば、相手側もそれに応えなければという心理になるのは人間の性です。

また広報の側からしても、業界の情報を教えるというスタンスを確立すると有利です。なぜかというと、広報は発信し続けることが大事ですが、そう頻繁に、自社の商品やサービスに関する新しいニュースがあるわけではありません。「発信するコンテンツをどうつくるか？」というのは、広報パーソンの日常業務の悩みどころなのです。

そこで発想を広げ、自社に限らず業界の情報を発信するようにすれば、コンテンツのネタに困るようなこともなくなるわけです。

「業界の情報を発信しても、自社が取り上げられないと意味がないのでは？」と思う人もいるかもしれませんが、まずは反響を気にしなくて構いません。とにかく情報を発信し続けて、「価値ある情報を教えてくれる広報」という、業界内で特徴のある存在になることを目指してください。

そうすれば業界が注目されたときに、メディアはあなたの会社の広報に話を聞きにくるようになるでしょう。

●レクチャーして存在感を発揮したマネーフォワードやライフネット生命

いま述べたように、業界情報をメディアにレクシャーすることで存在感を発揮している企業の例として、マネーフォワードとライフネット生命保険が挙げられます。

マネーフォワードは、個人向けには家計簿アプリ、法人向けにはクラウド会計などバックオフィス事業を展開している会社です。

同社は、新しい会計サービスやそれに関するシステムまわりの話題、さらにはフィンテックの最新動向などを、メディア関係者や機関投資家・アナリストに向けてレクチャーする会を開催しています。

実は分析広報研究所でもお願いしている税理士事務所の関係でマネーフォワード会計ソフトを実際に使いましたが、さほど競争力のあるサービスだと感じませんでした。

しかし、業界の最新情報や、金融やテクノロジーの最先端分野の知識を提供してくれる存在として、サービスとは別次元での絶妙な存在感をつくっています。おそらく同様の感覚を持っているメディア関係者やアナリストは多いのではないでしょうか。

ライフネット生命保険は、インターネット専業の生命保険会社の草分け的存在です。保険外交員をなくし、ネット直販にすることで、他社よりも安価な生命保険を提供するという理念で創設されました。

創業時の会長であった出口治明氏、同じく社長であった岩瀬大輔氏の二人がメディアに多数出演し、「生命保険を安く提供したい」という理念を繰り返し語ることで、存在が世間に周知されたのです。

トップのメディア出演だけではありません。ライフネット生命保険は、会計基準の変更・制度変更における影響などを、メディア関係者や機関投資家・アナリストに説明する機会を積極的につくっています。

アナリストの目線でいえば、ライフネット生命保険は赤字続きで業績がよいとはいいがたいのですが、「生命保険業界に新しい風を吹き込む存在」としてメディアから好意的に扱われてきました。

会社のポジションを、外部の認識のなかにうまく「刷り込み」をして、存在感を発揮しているのではないでしょうか。

外部からの評価を得られれば、本来の業績以上に「価値のある存在」として、社会のなかでポジショニングをすることができるのです。

●記者とのリレーションシップは「壁打ち」で鍛える

テニスなどで、1人で壁に向かってボールを打ち、跳ね返ってきたボールをまた打ち返すという練習を「壁打ち」と呼びます。

「壁打ち」は最近、ビジネス用語としても定着してきており、漠然とした内容の話を誰かに聞いてもらい、相手の反応などから、考えを整理することを指します。やり取りを通じて考えが整理されることが大切なので、テーマに対する明確な答えが返ってこなくてもよいのです。

私が思うに、広報とメディアの記者との関係も、この「壁打ち」に似ているのではないでしょうか。

経営者の伝えたいことや自社の目指していることなどを、広報が発信する。その打ったボールが的外れであれば、メディアはスルーしますから、反応も返ってこないでしょう。

ですが根気よく発信を続けていれば、タイミングが合ったときにメディアから反応があるでしょうし、取材に来てもらえるかもしれません。

取材に来てもらえれば、記者がメモを取るタイミングなどから、「メディアはどこに関心を持つのか」を探ることができます。すると、広報パーソンの情報発信の精度も上がっていきますし、メディアに取り上げられる確率も上がっていきます。

短期的に自社の反響が来るかどうかにこだわるのではなく、長期的に業界全体にどう注目を集めるかを考えて、情報発信という「壁打ち」を続けていくのです。

「壁打ち」を続けていくうちに、メディアの記者にレクチャーできるリレーションがつくられていきます。いざというときに自社の味方になってくれるメディアは、日々の人間関係のなかからしか生まれてこないのです。

●メディアは何を嫌がるのかを知っておく

メディアとの良好なリレーションを持続させるためには、「メディアは何を嫌がるのか」についても知っておくことが大切です。

まず、メディアは情報統制されることを嫌います。

広報からメディアにさまざまな情報をレクチャーするのは感謝されますが、情報を統制して自社に都合のよい記事を書かせようとしたり、あるいは都合の悪い情報を出さなかったりすると、一気に嫌われてしまうでしょう。

あるいは、業界の情報をメディアに伝える際にも、リーダー企業でもないのに業界トップのような立ち位置から「上から目線」で発言するような態度もご法度です。

例えば牛丼チェーン店の業界でいえば、長らく店舗数の第1位は吉野家でした。ところが、2008年にゼンショーホールディングスが運営する「すき家」が店舗数で吉野家を抜いて業界1位に躍りでたのです。

しかし吉野家は長らく業界トップだった癖が抜けなかったのか、その後も決算説明会などの場で社長が牛丼業界全体を代表するかのような発言を繰り返し、一部のメディア関係者は疑問を呈していました。

P&Gから2018年に吉野家へ招聘されたマーケターの伊東正明常務は、「(吉野家の)ライバルは飲食店ではなく、コンビニやスーパー、冷凍食品だ」と発言するなど、業界を上から目線で見て軽んじるような姿勢が続いていたのです。

その伊東氏が2022年4月、早稲田大学での社会人向け講義中に、「田舎から出てきた右も左もわからない若い女の子を無垢、生娘のうちに牛丼中毒にする。男に高い飯を奢ってもらえるようになれば、絶対(牛丼を)食べない」と発言。これが「生娘シャブ漬け戦略」と報じられ吉野家に対する大バッシングが起きる事態となりました。

フォローしようのない失言があったとはいえ、これまでの吉野家の姿勢に対してメディア関係者は長年、不満を持っていたので、擁護する声がほとんど起きなかったのです。

同じ牛丼チェーン店でいえば、2014年にすき家が深夜時間帯などで店舗を1人で運営する「ワンオペ」が問題視されました。運営するゼンショーホールディングスはこのとき、メディアに対してきちんと説明することなく、むしろメディアの取材を排除するような対応をとったのです。そのことでむしろワンオペ問題についての批判的論調がメディアで大展開されるようになってしまったのでした。

また、これは私がかかわった企業のケースですが、せっかく大手経済紙の取材を受けて記事化が決まったにもかかわらず、その内容に社長があれやこれやと注文をつけすぎたために、記者を怒らせてしまったことがありました。

結果、発表された記事には、会社名が載っていなかったのです。これでは何のために取材を受けたのかわかりません。

メディアを強引にコントロールしようとして、記事の内容も統制しようとすれば、嫌われてしまうのは当然です。

自社の都合や立場だけで物事を考えて、「外部からどのように見られているのか」に意識が向かないと、知らず知らずのうちにメディアから悪評を買っているケースがあります。すると、自社に何か問題が起きた際に、一気にバッシングが広がり、擁護してくれる記事は一つもない、という事態になりかねません。

メディアも動かしているのは生身の人間です。外部の人からどう見られているのか。自社の発信する情報を聞いてもらえる関係が保てているのかどうか。普段から油断せずに注意しておく必要があるのです。

第4章

進化した広報が未来の成長をつくる

● 成長とは変化すること

決算説明会で、メディアの記者やアナリスト、投資家たちはどこに注目するのか？　実績数字や来季の見込みといった数字のチェックはもちろんなのですが、それ以上に大事なのは、

「この会社は今後、『成長』するのか？」

という点です。

さて、私たちは日常的にもよく「成長」という言葉を使いますが、ここでもう一度その意味を確認しておきましょう。

「成長」と似た言葉に「成功」があります。「成長」も「成功」も、同じような意味であり、明確に区別しきれるものでもありませんが、辞書を引くと次のような説明が出てきます。

・成長……人や動植物が育って大きくなること。物事の規模が大きくなること。
・成功……物事を目的どおりに成し遂げること。

（『デジタル大辞泉』より）

こうして並べてみると、微妙なニュアンスの違いが感じ取れます。

第1章でも触れましたが、私は企業分析をする際に、①タテ（業界）、②ヨコ（社会）、③奥行き（時間の経過）という3つの視点から考えるようにしています。

その視点に照らし合わせていえば、成長とは「ヨコ（社会）への広がり」だといえるでしょう。

タテ（業界）の序列をアップさせることだけを考えれば、売上や利益の数字を上げることに注力すべきです。しかし本書で述べてきた通り、いくら業界内の序列を上げたところで、社会という外部からの評価が伴わなければ、リーダー企業にはかないません。

タテの成長だけでは、社会からなかなか認識されません。しかしヨコへ広がっていく成長は、その変化がわかりやすく目に留まるので、社会からの評価にもつながりやすいのです。

例えば、1年ぶりに会った親戚の子どもが、身長が3センチ伸びていたとしても、いわれなければなかなか気付けないかもしれません。しかしその子が、これまでやっていた水泳に加えてサッカーも始めたとして、サッカーチームのユニフォームで目の前に表れたら、一目で「この1年間でこんなに変わったんだ、成長したんだ」と実感できるでしょう。

業界の枠を超えて「ヨコに広がっていく」という成長する、すなわち変化する姿を、外部にうまく認識させて、その評価を自社の価値に変えていける企業が、競争に勝っていけるのです。経営者はそのために広報を有効に活用していく必要があるのです。

●業界という枠を超えて「ヨコ」に成長した信越化学工業

業界という枠を超えて「ヨコ」に成長していった企業として、信越化学工業の例を挙げたいと思います。

信越化学工業は、元をたどれば1926年に信越窒素肥料として発足した、歴史のある老舗企業です。

プラスチック材料の塩ビ（ポリ塩化ビニル）や、半導体シリコンウエハーで業界トップの売上を誇る信越化学工業ですが、近年はその地位にとどまらず新たな領域へと事業を拡大しています。

その一つが、電気自動車（EV）やハイブリッド自動車（HEV）向けの放熱用シリコン素材です。EVやHEVで使用されるリチウムイオンバッテリーは高い熱を発しますが、その放熱に用いる軽量性・柔軟性を兼ね備えたシリコン素材を開発しました。

世界的な潮流として自動車の電気化が加速するなかで、信越化学工業が持つシリコン素材の技術を、業界を超えてヨコに展開を広げているのです。

「塩ビの会社だった信越化学工業が、いつの間にかEV関連事業もやっているのか！」

このような変化は、社会からのポジティブな評価にも直結するでしょう。

信越化学工業はこれまでも、業界の枠を超えてヨコに成長してきた企業です。株価の推移を見ても、1990年代は数百円でしたが、2000年代に入り1000円を突破。2020年代は3000〜4000円台の水準に達しており、長期的には株価は右肩上がりの上昇を続けているのです。投資家からの期待を集め続けている証左でしょう。

テクノロジーの発達により、既存の業界の枠組みにとらわれない、あるいはいくつもの業界を横断的にまたがっている産業が次々と生まれています。

その時流にいち早く反応し、自社の蓄積してきた技術を応用して新事業を展開する。社会的な価値もありますのでメディアもニュースとして取り上げやすく、なおかつ未来への期待も生むので投資家からも注目されるのです。

人口減少が続く日本国内において、多くの業界の市場は縮小していくと予想されます。既存業界のタテの枠組みだけで勝負しても、先細りが目に見えています。だからこそ、ヨコの広がりが成長への期待に直結する時代となっているのです。

企業が業界の枠を超えて、ヨコに広がりを見せようとするときこそ、その変化を社会にアピールして評価を高めるチャンスです。まさに広報の腕の見せどころになるでしょう。

●株価は「上げる」ものではなく、「上がる」もの

2章でも触れましたが、コロナ禍で、リアルでの決算説明会が減りました。また、オンラインを含めて決算説明会そのものを開催しなくなった企業もあります。

企業側からすれば、「業績が悪化している状況で、コロナ禍を理由に決算説明会を開催しなくて済むのは助かる」という本音があるのではないかと感じています。

自社の業績が悪化していることについて、わざわざ外部に説明したくないという心理はよくわかります。実際、私が事業会社に勤務してIRを担当していたときも、業績悪化を理由に決算説明会の開催を見送ったこともありました。

2013年以降のアベノミクスで株価上昇が何年も続いた環境も終わり、現在はロシア・ウクライナ戦争なども含めて国際情勢も不安定で、総じて事業環境の見通しは明るくありません。このような状況では、決算説明会やIRで仮によいニュースを発表したとし

ても、会社の株価を「上げる」のはなかなか難しいといえるでしょう。

どうやって外部の期待を集めるのか？

そもそも、厳しい環境になったとたんに、外部との対話をストップしてしまうような企業が、世間から信用されるでしょうか？

都合のいいときだけ表に出てきて、美辞麗句を並べ立てるような企業は、いずれメディアや投資家からソッポを向かれ、市場からも淘汰されていくことでしょう。

業績が悪化したり、事業環境が厳しくなってきたときに、メディアや投資家など外部に向けての対話をやめてしまう企業は、おそらく株価は「上げる」ものだと考えているのではないでしょうか。

自分たちが何かポジティブな情報を出すことによって、自社の株価を「上げる」ことができる。だから、ポジティブな情報を出せないときは、あえて外部とコミュニケーションをとる必要はない――。

このような考え方は、一見もっともらしく聞こえますが、私にいわせれば大間違いです。

株価というものは、「上げる」ものではなくて、「上がる」ものなのです。

アベノミクス相場によって、何をやっても株価が上がる状況だった業界もありました。

そういう領域を狙って事業展開していた企業ほど、周辺環境のおかげで株価が上がっていたにもかかわらず、自分たちの力で株価を「上げる」ものだと思い込んでいます（事業会社に勤務していたときの私もそう思ってしまいました）。

「市場はこれだけ大きくなります」「わが社もプラットフォーマーです」などと、威勢のいい言葉を並べ立てるだけで株価が上がっていたような状態でした。

しかし不況になって顧客の財布のヒモも固くなり、投資家も慎重なポジションをとるようになってくると、そんな大雑把な広報戦略は通用しなくなります。株価は「上がる」企業しか上がらなくなっていくのです。

株価が「上がる」会社とは、外部からの期待を集める会社のことです。

未来に期待される会社に変わることで、株価を判断するうえでの尺度が変わります。

もし未来の姿に対する期待がなければ、「配当利回りでどれくらいのお金がもらえるのか」「PBR（株価純資産倍率）によると株主資本はどの程度か」といった現在の尺度だけで、株価が評価されることになります。

一方で、未来に期待されるようになれば、将来の成長が実現したときに稼ぐであろう利益規模を織り込んだ株価がつくのです。

耳目をひくニュースを出すことで短期的に株価を「上げる」こともできるかもしれませ

んが、そんな株価は長続きしません。

現在だけでなく、未来の期待をつくりだすことで、株価は「上がる」ものなのです。

その「未来への期待」をつくりだすことが、広報に求められる役割なのです。

●未来を語るときこそ、過去の歴史や実績が武器になる

それでは、先の見通しが不透明な時期に、どうやって外部からの期待を集めればよいのでしょうか？

逆説的ですが、未来に不安があるときこそ、

「過去の歴史や実績を事実として伝える」

ということが有効なのです。

これからどう成長するかは、会社のこれまでの展開や推移をうまく伝えて、「未来をこのように切り開いていく」という姿を見せるのです。

そして、日本の中堅・中小企業は、信頼に値する歴史と実績を持っている会社も多いので、先行きが不透明な現在にこそ力を発揮できるのです。

コロナ禍やロシア・ウクライナ戦争など、予想もしない事業環境の変化に襲われているこの数年ですが、いくつもの業界を横断的にリサーチしていて感じることがあります。それは、ＤＸやＡＩ、環境関連など、将来を見据えた投資を控える動きはそれほどないということです。

２００８年に起きたリーマン・ショックの際には、日本企業が総じて研究開発への投資も絞ってしまい、その後の海外企業との競争に敗れる原因になったといわれています。もしかしたら、当時の教訓が生きているのかもしれません。

先行きが不透明な時期にこそ、未来を見据えた投資を積極的に行っていく。この姿勢は、世の中が不安へと流れているときに安心感を抱かせ、その企業に対する信頼感の醸成にもつながります。

「こんな時期だからこそ、わが社は未来に投資します」といいきることは、企業への期待を集める意味でも、非常によいコミュニケーションです。

しかし、それだけではもったいない。

未来への投資を語るときこそ、自社を信頼してもらう根拠として、過去の歴史や実績も合わせて伝えていくのです。

１章でお伝えした「企業分析の三つの視点」にも「奥行き（時間の経過）」を挙げまし

た。歴史や実績は、嘘をつくことができません。事実として積み上げられた企業活動の足跡は、どんな言葉にも勝る説得力があるのです。

未来の話をするときこそ、過去の歴史や実績をアピールできるチャンスなのです。

● 広報の動き次第で「炎上」時の保険にもなる

広報をやっていてつらいことの一つは、いわゆる「炎上」をしてしまったときです。

トラブルに巻き込まれたり不祥事を起こしてしまったりして、世間から批判を浴び、メディアやネットでもバッシングの嵐が吹き荒れる……。

そんな渦中におかれたとき、広報として何をどうすればいいのでしょうか？

トラブルへの対応を間違えると、まさに火に油を注いでしまうことになり、炎上は鎮火不可能な状態にまで広がってしまいます。

炎上した際にもっとも悪手なのは、

「起こった事実を認めないで、説明せずに黙っている」

ということです。

当事者として、「認めたくない」「説明したくない」という心境になるのはわかります。

しかし、企業が社会的な存在になることを目指すならば、外部から心配されたり批判を受けている現状に対して、何はさておきまずはきちんと説明するという姿勢が必要です。

事実を隠そうとすると、かえってそれを暴こうとするのがメディアの習性です。当初の原因となったトラブルや不祥事だけでなく、「事実を隠そうとした対応」へと批判の炎が燃え広がり、収拾がつかなくなってしまうのです。

そこで、炎上した際のベストな対応は、

「いち早く事実を認めて、『これ以上メディアに暴かれない』状況をつくる」

ということになります。

当たり前のように思われるかもしれませんが、炎上した企業はいずれもこの対応ができませんでした。

批判してくる相手に対しても、自社に非があればそれを認めて、いったん「負け」をつくる。そのことで、炎上がこれ以上広がることを止めるのです。

2023年2月、居酒屋チェーン「串カツ田中」の元従業員が、期限切れ食材の使用やパワハラがあったことをSNS上で告発するというできごとがありました。

同店を運営する串カツ田中ホールディングスは、この事態に対していち早く対応します。

告発内容の事実を一部認めて、公式ホームページに謝罪文を掲載。該当店舗の休業も含め、再発防止への対策も打ちだしました。

こうして、素早く事実を認めて謝罪し、再発防止策を発表してしまえば、メディア側も次に批判するポイントがなくなり、続報が打てなくなるのです。結果として、炎上は広がることなく沈静化しました。

また、これは私の感覚ですが、串カツ田中は普段からメディアに対して好意的・協力的なリレーションの構築を続けていた印象があります。その点が、炎上騒動が広がった吉野家などとは違い、悪意を持って報道し続けるメディアが少なかったことにもつながったのではないかと考えています。

メディアを含めて外部と友好的なリレーションを築いておけば、いざというときに自社を守ることになります。それも広報の重要な役割の一つなのです。

●「これから」ではなく、「次」を語ろう

企業が未来の価値をつくっていくためには、外部からの期待を集めることが不可欠ですが、ビジネスですから何もかもが期待通りに進むことなどあり得ません。「炎上」までい

かないまでも、ときには外部からの期待を裏切る結果になることもあるのが現実です。

その意味では、「期待」と「誤解」は紙一重といえます。

もちろん社長や広報が、外部に向かって「嘘」を述べることは許されません。粉飾決算などをはじめ、上場企業が嘘の情報を発信すれば、投資家や金融機関が大きな損失を被る危険性がありますので、刑事責任が問われることになります。

ですが、「新規事業への挑戦を発表し、実際に取り組んでみたが、うまくいかずに撤退した」などというケースは珍しくありません。その都度、適切な情報開示を行えば、ステークホルダーへの説明責任を果たすこともできます。

「嘘」は許されませんが、「失敗」は許されるのです。


それでは、事業がうまくいかずに失敗して、外部からの期待を裏切る結果となったときに、どのような発信をすれば未来への期待を呼び起こすことができるのでしょうか？

ポイントは、言葉の使い方です。

「これから～をします」

「次は～をします」

この二つのいいまわしは似ているようで、違います。

未来への期待を呼び起こしたいのであれば、「これから〜」ではなく、「次は〜」という語りかけをしてください。そこに、失敗しても期待される企業と、失敗によって期待を失う企業とを分ける一線があるのです。

ひとたび失敗した企業が、「これから〜をします」と語っても、それはいままでの延長線上にあることをイメージさせてしまいます。

「この会社は、失敗の総括もせずに、また前と同じことをやろうとしているのか」

そんな印象を受けた投資家やメディアは、失望して関心を失ってしまうでしょう。

いままでの延長線上にない、新しい展開をつくることをアピールするには、「次は〜をします」と呼びかけるべきです。

過去から現在まではいったん一区切りして、「いま、ここ」から未来に向かって新しく一歩を踏みだす。その意味を込めた「次は〜」という語りかけによって、「ブランニュー」(brand-new、新品)のイメージを発信しましょう。

「失敗したのは過去の話です。今日からは『次の』新しい展開が始まります」

時制を区切った訴えによって、外部の認識も変えて、未来への期待を再び呼び起こすことができるのです。

●アンチを恐れると負ける

２０２２年４月、ニデック（旧・日本電産）の創業者である永守重信氏が、同社の代表取締役会長兼ＣＥＯ（最高経営責任者）に復帰しました。

自身の後継者として日産自動車から迎え入れ、それまでＣＥＯを務めていた関潤社長をＣＯＯ（最高執行責任者）へと降格させての復帰でした。さらにその後、関氏は社長兼ＣＯＯを退任します。

こうした経緯もあり、永守会長をバッシングするような記事が継続的に出てきているのを目にします。

おそらく永守会長は、自分に「アンチ」がいることは重々承知していると思います。しかし少なくとも決算説明会の場で話す際に、アンチがどんな反応するかなどを気にしているそぶりは微塵も見せません。投資家やメディアに対して、しっかり自分の言葉で、批判を恐れずに話す姿は実にお見事です。

私はニデックの決算説明会には長年出席し続けてきました。今回の関氏の辞任劇のように、会社にとって順調でないことが起きると、その度に永守会長の強烈すぎるリーダーシップや独自の経営手法に対して批判が起こっていました。

投資家やメディアなど外部が自社を見る目が厳しくなってきたとき、永守会長がとる姿勢は一貫しています。

「顧客がなぜ自社を支持してくれるのかをハッキリ語ることで、アンチを黙らせてきた」

私はこの基本姿勢が素晴らしいと感じています。

昨今の社会風潮の特徴として、「ポリティカル・コレクトネス」(政治的正しさ)に対する意識の高まりがあります。

このポリティカル・コレクトネスを看板に掲げる圧力団体に対して、過度に配慮しているように見える経営者も増えてきました。

もちろん、そうした社会風潮への配慮は大切ですし、ポリティカル・コレクトネスを無視していいわけではありません。

しかし、過度な配慮をする経営者たちを見ると、「とにかく嫌われたくない」「批判されたくない」「アンチが怖い」というような、弱弱しい内面を感じてしまうのです。

自社は社会から何を期待されているのか?

自社の顧客は誰なのか?

この点に自信を持っていれば、アンチの存在に過度な配慮は必要ないということを、永守会長の姿勢は教えてくれています。

アンチがいるのは一流の領域に達しているからであり、逆にアンチがいないのは二流以下である証拠なのではないでしょうか。

繰り返しになりますが、いまの時代、企業にとってポリティカル・コレクトネスへの配慮は必要です。それを踏まえたうえで、自社の顧客から支持されている理由を堂々と語ることこそ、経営者の務めなのです。

●有事には「攻撃は最大の防御」

ロシアによるウクライナへの侵攻は、日本経済にもさまざまな影響を与えました。LNG（液化天然ガス）などのエネルギー価格が高騰し、それは日本国内における電気やガス料金の値上げという形で波及しています。

さらには米中摩擦や中台情勢の緊迫化は、今後の半導体サプライチェーンにも影響を与える可能性が十分にあります。

たとえ現段階で自社に直接的な影響は及んでいなくても、今後、何が起こるかわからないという不安は、あらゆる業界につきまとっています。

こうした有事の際には、後で状況が変化して修正の必要が生じることを恐れて、広報やIRなどの発信機会を極力少なくしようとする意見が社内から出てくるものです。安全性を優先するなら、一定の説得力があることは否めません。

何も発信をせずに、貝のように自社の殻のなかに閉じこもっていれば、いったん発表した情報を後から修正するという混乱を避けることができるのは確かです。

しかし、有事において安全性ばかりを優先するようでは、企業のインテリジェンス（情報）能力は低下してしまいます。

広報は、いかに情報を発信するかが大事なのはもちろんです。そして情報発信とは外部とコミュニケーションをとることですから、情報を発信すればするほど、外からの情報も集まってくるのです。こうして情報受信のアンテナも感度が高まり、強くなっていくものなのです。

それに、有事の際は誰もが不確実な情報をもとに動いているわけですから、仮に後から修正の必要が出てきたとしても、それは恥ずかしいことではありません。むしろ、朝令暮改ですぐに修正したことが、「変化に対応するスピードがある」とプラスの評価を受けることもあるのです。

ライバル企業とのインテリジェンス能力の違いが、有事の際には外部からも丸見えになってしまいます。

攻撃は最大の防御です。有事の際こそ逃げずに立ち向かい、積極的に情報発信に努めたのかどうか。トップと広報の姿勢に世間は注目していることを忘れないでください。

●期待には感情、不安には理性で答える

自社の事業が世間の潮流に乗って大きくなり、メディアからの注目が増したり、株価が上昇するといった局面では、社長の言動にも勢いが感じられるものです。

決算説明会でのメディアやアナリスト、投資家たちとのコミュニケーションでも、聞かれたことに対して単に情報で答えるのではなく、社長自身の感情を込めてコメントしている姿があります。

聞かれたことに対して情報を出すだけでは、未来への期待を膨らませることはできません。外部を巻き込んで自社にうまい流れをつくっていく社長は、人間の心理をよく理解した言動をしています。

期待に対しては、「感情」で答えて、受け手の気持ちを鼓舞していくコミュニケーショ

ンが有効なのです。

一方で、期待の反対にあるのは不安です。

景気減速や事業環境の変化などから、企業を取り巻くステークホルダーが不安を高めている状態のときに、その不安を取り除くにはどうすればよいのでしょうか？

期待と同じように、不安に対しても感情で答えていくことが正しいのでしょうか？

そうではありません。

不安に対しては、理性で答えるのが正解です。

不安な気持ちを抱いているステークホルダーに対して、感情で答えていこうとするのは得策ではありません。いくら誠実な気持ちであったとしても、よい流れは生まないものです。

感情と感情は共鳴して増幅していきます。外部からの期待には感情で答えることで、その期待をどんどん増幅させることが企業にとってもプラスになります。しかし、不安を増幅させることは企業にはマイナスでしかありません。

不安に対しては理性で答えて、その不安を鎮静化させる方向へと持っていきましょう。

理性で答えるというのは、具体的な事実、数字による情報、あるいは過去の実績など、感情の挟まる余地のない事柄を中心に伝えていくことです。

どんなに「こちらのほうが不安なんだ！」と思う気持ちがあったとしても、その感情を表に出してはいけません。落ち着いた表情や声と雰囲気で、平静に話すように心がけましょう。

「期待に対しては、感情で答える」

「不安に対しては、理性で答える」

外部とのコミュニケーションに際し、感情と理性をどう使い分けていくのかは、この原則をよく覚えておいてください。

●「閃き」は変化の第一歩、隠さずに表に出す

長年、さまざまな業界の社長の方々から直接お話を伺ってきて、思い至るようになったのは、次のことでした。

「社長がもっとも『閃き』があるはずだ」

ここでいう「閃き」とは、業界の枠組みや従来の常識にとらわれない発想という意味を込めています。

特に、業績が悪化するなどの苦しい時期に、事業転換や事業開拓などの新しい展開によって危機を乗り越えた経験のある社長たちは、ある瞬間の閃きから変化のきっかけをつかんできています（ご本人の心境からすると「閃いた！」という感覚でなかったかもしれませんが……）。

この「閃き」は、社長の特権であると思います。

メディアの記者やアナリスト、投資家といった業界ウォッチャーたちは、過去の流れから想定して現在と未来を見ています。

しかし、そういった想定を超えた展開を起こせるのは、会社の舵取りをする社長の「閃き」です。

「閃き」を、自身の裁量で外部にも話すことができるのも、社長だけです。もちろん社内コンプライアンスなどの問題はあるにせよ、現場の一社員がいくら「閃いた！」といっても、それが経営に影響を与えるまでには圧倒的に時間がかかるわけで、現実味がありません。その意味で、社長の「閃き」は、今後の会社の変化に直結するのです。

外部の想定を超えた展開への期待こそ、未来の価値を生みます。ＩＲなどで新たな事業展開を発表したりすると株価が上がるケースが多いのは、その変化に期待する投資家が自らのお金を出そうと思うからなのです。

会社が苦しい状況のときは、「こんなに決算の数字が悪いときに、新しいアイデアを『閃いた』などといっても相手にされないだろう」と卑下してしまう社長もいるかもしれません。

ピンチはチャンスで、苦しい状況のときこそ、社長の「閃き」が起死回生の突破口となることもあるのです。

会社が苦しいときこそ、社長の「閃き」を外に表わすことが、広報として最良の一手となります。

業界ウォッチャーたちのコンセンサスの範疇にある話をしても、驚きはありません。想定を超えた「閃き」は、「あの会社、変なことをいっている」と見られるかもしれません。ですが、「変なこと」とはいいかえれば「現状からの変化」です。

社長は会社を変えることのできる立場です。変化への兆しとなる「閃き」が浮かんだなら、それを積極的に表に出すことで、実際の変化へとつなげていくことができるのです。

● 期待を抱かせる三つの「ONE」

外部からの評価を高める自社のポジショニングでは、次に挙げる三つの「ONE」が非常に有効です。

①ナンバーワン……規模や売上でその業界のトップの企業
②オンリーワン……同じことをやっている他社がいない企業
③ファーストワン……最初にそのことをはじめた企業

三つの「ONE」のうちどれか一つでも自社に当てはまるようであれば、広報でも大いに活用すべきでしょう。「この会社なら何かやってくれそうだ」という期待を集めるにふさわしい実績になるからです。

とはいえ、「ナンバーワン」の企業になるのは、文字通り業界で1社だけです。中堅・中小企業が業界のリーダー企業に対して規模の勝負を挑むのは分が悪いですし、そもそもナンバーワンになれば広報を活用しなくてもお客さんは集まってくるものです。

中堅・中小企業の立場としては、「オンリーワン」もしくは「ファーストワン」を目指すという戦略になるでしょう。

「オンリーワンやファーストワンといっても、そう簡単にできるものではない……」

そうお考えになる方もいらっしゃるかもしれません。

たしかに、事業としての「オンリーワン」「ファーストワン」に限定すれば、なかなか難易度の高いことは事実です。もし自社に「オンリーワン」「ファーストワン」の事業があれば、それを大いにアピールしましょう。

自社にそうした事業がない場合でも、あきらめる必要はありません。

本書でこれまで述べてきた通り、広報を通じて外部に対して新しい評価基準を認知させていけば、自社の評価を高めることはできます。

他の誰もいっていない評価基準を発信することができれば、そのことで自社が「オンリーワン」になれます。

同じく他の誰かがいう前に、最初に新しい評価基準を発信できれば、そのことで自社が「ファーストワン」になれるのです。

広報の情報発信が「オンリーワン」「ファーストワン」であれば、「この会社なら何かやってくれそうだ」という外部からの期待を集めるには十分です。そうやって世の中の流れをつくりだすことで、後から事業本体が追いつく場合だってあるのです。

●外部を巻き込むには、前進を止めないこと

外部を巻き込んで味方をつくるうえで、とても大切なことがあります。

「会社や社長自身が、前進を止めないこと」

精神論のように聞こえるかもしれませんが、実はこの言葉に尽きると思っています。

再び、ニデック（旧・日本電産）の永守重信会長の例を出します。永守会長はあるインタビューで、50年後の夢として「年齢は125歳、会社の売上高は100兆円」という目標を掲げていました。つまり「自分は125歳まで前進を止めない」という決意表明です。

125歳とは現実味がない数字にも思えますが、「永守会長なら本当にやってしまうのではないか？」と思わせます。それも、これまでの実績と発信があったから、外部にそう感じさせるだけのパワーがあるのでしょう。

長年、永守会長とニデックをリサーチしてきた私からしても、「京セラの稲盛和夫さんが90歳までやったのだから、永守会長は少なくとも91歳までは現役で経営の最前線に立つだろう」と思っています。

企業や経営者は、外部に対して常に前進を止めないという意思表示をし続けなければいい

けません。「私はあと5年で退任しますから」などという社長の会社に、自分のお金を託そうと思う投資家はいるでしょうか？

結婚でもそうですが、「永遠の愛を誓う」という意思表示を明確にするからこそ、パートナーは人生を預けようと決意してくれるわけです。

途中で投げだすと思われる人が、周囲を巻き込めるはずがないのです。

数多くの企業を見てきましたが、自己評価が低い社長は、決まって自社が目指すところを表に出しません。「誤解を招くから不確かなことは発言しない」という社長もいました。

しかし、「どうなろうとしているか」がわからない会社に対して、社会はよほどのことがない限り注目なんかしないのは当然です。

「誤解を招く」という言葉に逃げ込む社長が率いる会社は、その未来に対して期待を集めることは不可能なのです。

「自分たちはどうなりたいか」を、外部に向けてハッキリと発信することは、社長の責務です。そこに理屈はいりません。

会社が目指すべき方向を示し、そこに向かって前進を止めない。

仮に失敗しても、目標を達成までやり続ける。

この意思を明確に示してこそ、外部を巻き込んで味方にしていけるのです。そして、「前進を止めない意思」を明確にすることは、それ自体が自社の社会に対するポジショニングの表明でもあります。

未来は誰にも予言できません。ですから、未来には嘘をつきようがありません。ですから、未来に対して自社の目指すところをいいきっていくことは、意思さえあればどんな会社でもできるはずです。

外部を巻き込んで味方にしていける広報が展開できるかどうかは、社長の強い意思の裏付けがあってこそなのです。

●未来の価値は、理屈や数字の延長線上にはない

投資家が企業の株を買うのは、将来的に値上がりをすることを期待しているからです。いいかえれば、現在よりも上昇しているであろう「未来の価値」に対してお金を投じているわけです。

現在の利益水準は、公表された数字を見れば誰もがわかります。それも大事なのですが、投資家がもっとも重視しているのは、「未来にどれだけの利益を出してくれるのか？」と

いうことです。それが企業の「未来の価値」になるのです。

未来の価値をどうやってつくっていけばいいのか?

自社に未来の価値があることを第三者にどうやって伝えていけばいいのか?

本書ではこのことを広報の観点から多岐にわたって述べてきました。


従来の広報は、広告による露出重視のスタイルでした。これは、その企業がいま持っている商品やサービスを宣伝するわけで、時間軸が「現在」に留まっているのです。

それに対して私が提唱する分析広報のアプローチは、メディアやアナリスト、投資家といった外部とのコミュニケーションを通じ、「未来」を見据えた新しい評価基準をロビーイングして認知させていくことを重視します。

現在は変化の激しい時代です。既存の業界という枠組みが、世の中の変化を捉えきれていません。そのなかで企業が成長していくためには、業界の枠を超えたヨコへの広がりが不可欠になるのです。

未来の価値は、現在の数字や理屈の延長線上にはありません。

現在の延長線上で勝負しようとする限り、中堅・中小企業が業界上位の大企業に勝つことはほぼ不可能となります。

業界の序列という従来の判断基準ではなく、世間の潮流に合わせて業界の枠を超えたポジショニングをしていく。企業のそうした変化がいかに社会にとって価値があるのかを、新しい評価基準として外部へ認知させていく。これこそ広報が果たすべき役割になってくるのです。

成長とはイコール変化であり、変化をしない企業は、成長もできないのです。

おわりに　業界の枠を超えたとき、企業は成長する

分析広報研究所を創立して、リサーチを基盤にした活動を始めてから10年以上たち、調査を継続している社数は1000社を超えました。

このように他社がやらないことをやり続けてきて、確信するのは、

「企業の成長は業界の枠を超えたところにある」

ということです。

業界の枠を超えたところにある社会に自社の成長領域を広げていくためには、まず社会を知らなければいけません。それが広報による正確な現状把握です。

次に、社会で求められている価値は何かを見極め、自社がどういうポジションをとればその中心で存在感を発揮できるのかを考えます。それが広報による魅力あるポジショニングです。

そして、企業が外部の第三者から受け入れられ、味方にしていくためのコミュニケー

ションをとっていく必要があります。それが広報による外部を巻き込んだ味方づくりです。

こうしたステップを経て、自社に対する第三者からの評価は、

「その他大勢から、面白い会社へ」

と変わっていくでしょう。

こうなると、メディアをはじめ世の中からの認知も一つ上のステージへとステップアップします。

業界内の序列だけで語られる会社から、社会に新たな価値を提供する存在感ある会社へと、見方が変わるのです。つまり、業界の枠を超えた会社になるのです。

「この会社なら何かやってくれそうだ」

という期待は、業界の枠を超えて社会から評価される会社にしか集まりません。

広報とは、社会から企業に対する未来への期待をつくるためにこそ活用すべきなのです。

小島一郎（こじま・いちろう）

株式会社分析広報研究所　代表取締役チーフアナリスト
東京都出身。1997年上智大学経済学部卒。
大手シンクタンクでのアナリスト、複数の上場企業で広報IR関連業務を行った後、独立。特定業界の枠にとどまらない、さまざまな業界・企業を横串しにする独自リサーチ活動を10年以上にわたり継続中。現在、調査を続けている上場企業数は1000社を超えている。企業の価値向上コンサルティングや広報IR活動の実務支援のかたわら、新聞、雑誌、テレビ、ウェブメディアなどに出演、コメント提供や記事を執筆。
日本証券アナリスト協会検定会員、PRSJ認定PRプランナー

成長《せいちょう》する企業《きぎょう》がやっている分析《ぶんせき》する広報《こうほう》

独自《どくじ》リサーチ10年以上《ねんいじょう》でわかった
伸《の》びる会社《かいしゃ》、伸《の》びない会社《かいしゃ》の違《ちが》い

2023年9月25日　初版第1刷

著者　小島一郎《こじまいちろう》

発行人　松崎義行
発行　みらいパブリッシング
〒166-0003 東京都杉並区高円寺南4-26-12 福丸ビル6F
TEL 03-5913-8611　FAX 03-5913-8011
https://miraipub.jp　mail：info@miraipub.jp

企画協力　Jディスカヴァー
編集　笠原美律
ブックデザイン　則武 弥（paperback Inc.）
発売　星雲社（共同出版社・流通責任出版社）
〒112-0005 東京都文京区水道 1-3-30
TEL 03-3868-3275　FAX 03-3868-6588
印刷・製本　株式会社上野印刷所

ISBN978-4-434-32602-8 C2034